Gutjahr | Die Dahlienfibel

Cornelia Gutjahr

Die Dahlienfibel

Pflege – Sorten – Nutzung

Quelle & Meyer Verlag Wiebelsheim

Die Angaben in diesem Buch sind von der Autorin und dem Verlag sorgfältig erwogen und geprüft, dennoch kann keine Garantie übernommen werden. Eine Haftung der Autorin bzw. des Verlags und seiner Beauftragten für Personen-, Sach- und Vermögensschäden ist ausgeschlossen.

Bibliografische Information der Deutschen Nationalbibliothek
Die Deutsche Nationalbibliothek verzeichnet diese Publikation in der Deutschen Nationalbibliografie; detaillierte bibliografische Daten sind im Internet über http://dnb.d-nb.de abrufbar.

Bildnachweis: Alle Fotos, soweit nicht anders angegeben: Axel Gutjahr
Umschlagabbildungen: Axel Gutjahr
Druck und Verarbeitung: Print Consult GmbH, München
Printed in Europe/Imprimé en Europe
ISBN 978-3-494-01971-0

FSC www.fsc.org MIX Papier | Fördert gute Waldnutzung FSC® C084279

Inhaltsverzeichnis

In der Hitparade vieler Blumenfreunde ganz oben

Die Blühphase der Dahlien setzt in Mitteleuropa alljährlich Ende Juli ein und dauert bis zu den ersten Nachtfrösten. Während dieser Zeit fungieren die Dahlien mit ihrer Formen- und Farbenpracht in zahlreichen Gärten, Parks und städtischen Anlagen als faszinierende Blickfänge.

Ein mit Dahlien bepflanzter Kübel

Darüber hinaus werden vor allem kleinwüchsige Sorten des Öfteren in Blumenkästen und/oder Kübeln gepflegt. Letztere lassen sich sowohl auf Terrassen und Balkonen als auch frei in der Gartenlandschaft platzieren.

Bei der Mehrzahl der heute kultivierten Dahlien handelt es sich um Zuchtformen. Diese übertreffen ihre Ursprungsarten oft nicht nur in der Wuchshöhe, sondern auch in der

Dahlien haben bereits seit langer Zeit die Herzen von Blumenliebhabern aus aller Welt erobert

Blütengröße und -färbung. Deshalb verwundert es nicht, dass diese Stauden bereits vor Langem die Herzen von Blumenfreunden aus aller Welt erobert haben.

Bei zahlreichen Hobbygärtnern stehen Dahlien in der Beliebtheitsskala der Gartenblumen sogar an erster Stelle und erfreuen sich somit einer noch größeren Wertschätzung als die ebenfalls sehr gern gepflegten Rosen.

Dahlien haben sich aber nicht nur als attraktive Garten- und Vasenblumen sowie als Grabschmuck erwiesen, sondern aus ihnen lassen sich auch verschiedene wohlschmeckende Speisen und Getränke zubereiten.

Wir möchten Sie jetzt zu einer Reise in die beeindruckende Welt der Dahlien einladen. Lassen Sie sich von der Vielfalt der Sorten, den unkomplizierten Pflegemaßnahmen und der Blütenpracht dieser Spätsommerköniginnen begeistern.

In diesem Sinne wünschen wir Ihnen stets viel Freude mit den Dahlien,

der Quelle-Meyer-Verlag und Cornelia Gutjahr

Historisches und Botanisches

Faszination seit mehr als 450 Jahren

Das natürliche Verbreitungsgebiet der Wilddahlien, von denen einige Arten als züchterisches Ausgangsmaterial für die heutigen Gartendahlien dienten, sind die Hochebenen Mexikos und Guatemalas. Die dort lebende indianische Urbevölkerung kultivierte Dahlien schon lange, bevor Kolumbus im Jahre 1492 Amerika entdeckte. Allerdings wird wohl nie zu ermitteln sein, wann der genaue Zeitpunkt der Erstkultivierung war. Es wird jedoch vermutet, dass dieser bereits einige Jahrhunderte vor 1492 lag.

Ein erster Bericht, in dem Dahlien sehr wahrscheinlich indirekt erwähnt werden, stammt aus dem Jahre 1520. Nachdem Hernando Cortez auf seinen Eroberungszügen durch das Aztekenreich gezogen war, erzählte er von prachtvollen Gärten. Unter den darin gepflegten Pflanzen dürften sich mit an Sicherheit grenzender Wahrscheinlichkeit auch verschiedene Dahlien befunden haben.

Francisco Hernandez

Die älteste gegenwärtig bekannte Abbildung einer (Wild-)Dahlie ist im Badianus-Manuskript enthalten, das aus dem Jahre 1552 stammt. Dieses Manuskript schlummerte jahrhundertelang in den Bibliotheken des Vatikans und wurde erst 1930 entdeckt.

Eine erste umfassendere, wenn auch nicht wissenschaftlich exakte Beschreibung über Dahlien lieferte der spanische Arzt Francisco Hernandez.

Zwischen 1570 und 1577 bereiste er das Gebiet des heutigen Mexikos, um die dortige Flora nach Heilpflanzen zu erforschen. Seine

Großfiedrige Dahlie, *Dahlia pinnata*

Aufzeichnungen wurden allerdings erst 1651 veröffentlicht. Zu diesem Zeitpunkt war Hernandez bereits 64 Jahre tot. Hernandez hatte in diesen Aufzeichnungen unter anderem die aztekischen Bezeichnungen für Dahlien „Acocotli" = „Wasserschlund“ und „Cocoxochitl" sowie „Acocoxochitl" = „Wasser-Knollen-Blüte“ erwähnt. Eine besondere Beachtung verdient in diesen Aufzeichnungen eine Abbildung, welche eine Dahlie mit halbgefüllten Blüten zeigt. Dabei handelt es sich sehr wahrscheinlich um eine natürliche Hybride.

Die Scharlach-Dahlie, *Dahlia coccinea*, war zusammen mit *Dahlia sorensenii* an der natürlichen Kreuzung der Großfiedrigen Dahlie beteiligt

In den folgenden 150 Jahren führten die Dahlien ein kaum beachtetes Dasein. Das änderte sich im Jahre 1789. Damals sendete der Direktor des Botanischen Gartens von Mexiko City, Vincente Cervantes, die Samen von zwei Dahlien an Antonio José Cavanilles, der in Madrid lebte. Bei der einen Dahlie handelte es sich um ein Exemplar mit halbgefülltem, purpurrotem und bei der anderen um eines mit ungefülltem, weißem Körbchen. Nachdem Antonio José Cavanilles aus diesen Samen Pflanzen gezogen hatte, konnte er im Jahre 1790 erstmalig der europäischen Öffentlichkeit blühende Dahlien präsentieren. Außerdem beschrieb Cavanilles in seinem Werk „Icones et descriptiones plantarum" die Großfiedrige Dahlie wissenschaftlich und gab ihr den Gattungsnamen „*Dahlia*" (zu Ehren von Andreas Dahl, einem schwedischen Botaniker).

In der heutigen Zeit konnte allerdings durch molekulargenetische Untersuchungen nachgewiesen werden, dass es sich bei der Großfiedrigen Dahlie um keine reine Art, sondern um eine natürliche Kreuzung handelt, die aus *Dahlia coccinea* × *Dahlia sorensenii* hervorgegangen ist.

Zwischen 1791 und 1796 nahm Cavanilles auch die wissenschaftlichen Beschreibungen der Scharlachroten Dahlie, *Dahlia coccinea*, und der *Dahlia rosea* vor.

Kurz darauf erfolgte erneut eine wissenschaftliche Beschreibung der Großfiedrigen Dahlie durch den Berliner Professor Karl Ludwig Wildenow. Er war der Meinung, dass die Bezeichnung „*Dahlia*" bereits für eine andere Gattung vergeben sei. Deshalb nannte Wildenow die Dahlien zu Ehren des russischen Wissenschaftlers Georgi „*Georgia nobilis*", woraus rasch die umgangssprachliche Bezeichnung „Georginen" entstand.

Lange Zeit wurden die Dahlien umgangssprachlich als Georginen bezeichnet

Wildenow hatte sich jedoch geirrt, denn der Gattungsbegriff „*Dahlia*" war bis zur Erstbeschreibung durch Cavanilles noch nicht vergeben. Deshalb trat die Prioritätsregel in Kraft. Diese besagt, dass in der wissenschaftlichen Nomenklatur stets der ältere publizierte Name Vorrang vor dem jüngeren hat. Aus diesem Grund lautet die einzige gültige Gattungsbezeichnung „*Dahlia*".

Während in Osteuropa die Bezeichnung „Georginen" noch heute sehr geläufig ist, setzte sich im gärtnerischen Sprachgebrauch Mitteleuropas ab den 30er-Jahren des 20. Jahrhunderts zunehmend der Begriff „Dahlien“ durch.

Der Gattungsbegriff für die Dahlien lautet unumstößlich „Dahlia“

Der Gelehrte Alexander von Humboldt entdeckte auf seinen von 1803 bis 1804 in Mittelamerika durchgeführten Forschungsreisen weitere Dahlienarten. Von diesen schickte er Samen an Friedrich Otto, der im Botanischen Garten Berlin tätig war. Bei der Aufzucht dieser Dahlien bewies Otto ein „glückliches Händchen“. Die anschließende Vermehrung verlief sogar so erfolgreich, dass in den Folgejahren zahlreiche Exemplare an andere Botanische Gärten sowie Fürsten- und Königshäuser des In- und Auslandes abgegeben werden konnten. Damit begann der weltweite „Siegeszug“ der Dahlien. In den folgenden Jahren fanden sich immer mehr Liebhaber und Züchter, die mit ihrem Engagement dazu beitrugen, dass sich das Sortiment der Dahlien fast explosionsartig erweiterte.

Der weltweite „Siegeszug“ der Dahlien begann Anfang des 19. Jahrhunderts

Um die Verdienste Alexander von Humboldts in besonderer Weise zu würdigen, gab Ernst Serverin einer 1960 gezüchteten Semikaktusdahlie dessen Namen. Diese bis zur Gegenwart erhalten gebliebene Sorte erreicht eine Wuchshöhe von etwa 100 cm und bringt rosafarbene Blütenköpfe hervor, welche Durchmesser von 15–20 cm aufweisen.

In den Jahren 1809 bis 1900 erfolgte eine Züchtung einer Dahliennovität auf die andere. Beispielsweise gelang es dem Karlsruher Garteninspektor Hartwig im Jahre 1809, eine Dahlie mit einem völlig geschlossenen Blütenkopf zu züchten. Damit lieferte er ein enorm wichtiges genetisches Ausgangsmaterial für die Balldahlien, welche sich bis zu Beginn des 20. Jahrhunderts einer besonders großen Beliebtheit erfreuten. Eine der beliebtesten und optisch sicherlich äußerst ansprechenden Sorten aus dieser „Balldahlienzeit“ ist die 'Kaiser Wilhelm'. Sie wurde 1881 von Christian Deegen gezüchtet. Diese Sorte ist bis zur Gegenwart erhalten geblieben und erfreut sich noch immer großer Beliebtheit.

Balldahlie 'Kaiser Wilhelm'

Steckbrief der 'Kaiser Wilhelm'

Züchter: Christian Deegen, Bad Köstritz

Anerkennung als Sorte: 1881

Wuchshöhe: 115–125 cm

Durchmesser der Blütenköpfe: 6–7 cm

Blütenfärbung: gelb, mit roten bis braunroten Blütenblatträndern

Laub: kräftig grün

Christian Deegen, der eigentlich Beamter war, hatte sich das Gärtnerhandwerk autodidaktisch angeeignet und eröffnete im Bad Köstritz die erste Spezialgärtnerei für Dahlien. Als Basismaterial für diese Gärtnerei trug Deegen seinerzeit alle damals bekannten Dahlienarten sowie -zuchtformen zusammen. Anschließend begnügte er sich jedoch nicht damit, diese Dahlien nur zu vermehren, sondern züchtete selbst mehrere neue Sorten.

Seit 1830 gelingt es den Züchtern, verstärkt anemonenblütige Sorten zu kreieren, und seit 1850 erblicken immer mehr Pompon-Dahlien das „Licht der Welt", welche man in gewisser Weise als zwergenwüchsige Balldahlien ansehen kann.

Ein weiterer Meilenstein in der Dahliengeschichte stellt das Jahr 1874 dar, in dem die *Dahlia juarezii* von Mittelamerika nach Holland gelangte. Das Besondere der *Dahlia juarezii* sind ihre spitz auslaufenden, nach hinten gerollten Blütenblättern. Aufgrund dieses Merkmals fungierte sie bei der Herauszüchtung der Kaktus- und Semidahlien als entscheidende genetische Grundlage.

In Würdigung der Leistungen Deegens gab Siegfried Engelhardt dieser Kaktusdahlie den Namen 'Christian Deegen'

Anemonenblütige Sorten gibt es seit 1850. Hier eine moderne Züchtung – die farblich sehr imposante 'Asahi Chohje'

Ohne die Dahlia juarezii gäbe es höchstwahrscheinlich weder Kaktus- noch Semikaktusdahlien wie diese 'Feuergeist'

Im Jahre 1881 gründete sich in Großbritannien die National Dahlia Society und 1897 in Deutschland die Deutsche-Dahlien-Gesellschaft. Beide Organisationen fungierten fortan als „Heimat“ und Treffpunkt für Hobbygärtner, professionelle Züchter sowie Wissenschaftler, die sich unter anderem für den Erhalt der bestehenden Sorten und deren Verbreitung engagierten. Selbstverständlich widmete man sich in diesen Gesellschaften auch sehr stark der Züchtung neuer Sorten.

Im Jahre 1890 konnte die in Zerbst ansässige Gärtnerei Engelmann bereits einen auch nach gegenwärtigen Maßstäben äußerst beachtlichen Dahlienbestand von etwa 1000 Sorten präsentieren. Damit verfügte sie zu jener Zeit über das größte lieferbare Dahlienangebot Europas.

Im Jahre 1900 präsentierten französische Züchter erstmalig Halskrausendahlien und ab 1903 bereicherten Päoniendahlien das Sortiment.

Die Begeisterung, die Dahlien bei professionellen und Hobbygärtnern ausgelöst hatten, blieb in der Folgezeit nicht nur auf Europa begrenzt. Auch die USA sowie Japan entwickelten sich in den letzten 120 Jahren zu Zentren der Dahlienzucht.

Deshalb verwundert es auch nicht, dass sowohl in Europa als auch in den USA und Japan jährlich neue Sorten aus der „züchterischen Taufe“ gehoben werden. Durch dieses züchterische Engagement erfolgt eine ständige Vergrößerung des weltweiten Dahlienbestandes, der gegenwärtig etwa 30.000 Sorten umfasst.

Weltweit existieren zurzeit mehr als 30.000 anerkannte Dahliensorten

Vertreterinnen aus der artenreichsten Familie

Innerhalb der Ordnung der Asternartigen, Asterales, repräsentieren sich die Korbblütengewächse, Asteraceae oder Compositae, als die artenreichste Familie. Letztere umfasst weltweit etwa 1600–1700 Gattungen, von denen die Dahlien eine darstellen.

Dahlien gehören zur Familie der Korbblütler

Das folgende Schema zeigt am Beispiel von Scherffs Dahlie, wie die Dahlien in das natürliche Ordnungssystem integriert wurden.

Scherffs Dahlie, *Dahlia scherffii*

Ordnung: Asternartige (Asterales)

Familie: Korbblütler (Asteraceae)

Unterfamilie: Asteroideae

Tribus: Coreopsideae

Gattung: Dahlien (Dahlia)

Art: Scherffs Dahlie (Dahlia scherffii)

Aufgrund des großen Artenreichtums der Wilddahlien hat man die Gattung in folgende 4 Sektionen unterteilt:

Pseudodendron-Sektion

Diese Sektion umfasst die Arten *Dahlia excelsa, Dahlia imperialis, Dahlia tenuicaulis* und *Dahlia campanulata.*

Pseudodendron leitet sich aus dem Altgriechischen ab und bedeutet *pseudo = unecht* und *dendron = der Baum*. Es handelt sich dabei um große, sehr kräftige Exemplare, deren Stängel (baumähnlich) verholzen. Damit diese Vertreter im Folgejahr Blüten ausbilden, muss die Überwinterung in einem warmen Gewächshaus erfolgen.

D. imperialis (AdobeStock/しょこまろん)

Epiphytum-Sektion

Die Epiphytum-Sektion enthält mit *Dahlia macdougallii* lediglich eine Art. Das altgriechische Epiphytum bedeutet *epi = auf* und *phyton = die Pflanze. Dahlia macdougallii* wächst auf Bäumen, bildet bis zu 10 m lange Ranken und bringt weiße, ungefüllte Blüten hervor.

Entemophyllon-Sektion

In dieser Sektion sind mit *Dahlia congestifolia, Dahlia dissecta, Dahlia foeniculifolia, Dahlia linearis, Dahlia rupicola, Dahlia scapigeroides* und *Dahlia sublignosa* sieben Arten integriert, die krautige, teilweise verholzende Triebe und wechselständige Fiederblätter hervorbringen. Letztere befinden sich an den Blattknoten. Alle Arten erreichen Wuchshöhen von rund 2 m und besitzen einfache, rosafarbene Blüten.

Eine Wilddahlie, die zur Dahlia-Sektion gehört, ist die Merck-Dahlie, *Dahlia merckii*

Dahlia-Sektion

Die *Dahlia*-Sektion umfasst 24 krautige Arten, von denen erst vor zwei Jahrzehnten *Dahlia parvibracteata, Dahlia spectabilis, Dahlia neglecta, Dahlia hjertingii,* und *Dahlia cuspidata* wissenschaftlich beschrieben wurden. Durch Kreuzung von verschiedenen Vertretern dieser Sektion entstanden alle Gartendahlien. Besonders oft fungierten dabei *Dahlia coccinea* und *Dahlia sorensenii* als Ausgangsarten für diese Kreuzungen. Somit sind sämtliche Gartendahlien Mischlinge, die man auch als Hybriden oder Bastarde bezeichnen kann.

Während der Begriff „Bastard" umgangssprachlich häufig im negativen Sinne gebraucht wird, ist das im züchterischen Sprachgebrauch nicht der Fall. Die wissenschaftliche Bezeichnung für Gartendahlien lautet *Dahlia × hortensis.*

Bei sämtlichen Gartendahlien handelt es sich um Hybridformen, denen die Wildsorten als züchterisches Ausgangsmaterial dienten

Gleicher Grundaufbau

Bei den Dahlien handelt es sich um Pflanzen, die auch als Stauden bezeichnet werden. Diese Bezeichnung stellt keinen wissenschaftlich-systematischen Begriff dar, sondern ist eine gärtnerische Wortschöpfung.

Stauden sind ausdauernde (mehrjährige), krautige Pflanzen, deren oberirdische Teile nicht oder nur minimal verholzen und am Ende der Vegetationsperiode normalerweise absterben. Je nach Art bilden Stauden Rhizome, Knollen, Zwiebeln oder Stolonen aus, die ihnen als Speicherorgane in der kalten Jahreszeit dienen.

Wie bereits erwähnt, gehören Dahlien zu den Korbblütlern. Grob morphologisch gliedern sie sich in Knollen, an denen sich die Wurzelfäden befinden, Stängel, an denen die Laubblätter entspringen, und Blütenköpfe. Die Stängel fungieren allerdings nicht nur als Träger- beziehungsweise Ansatzstellen für andere Organe der Dahlien, sondern sie enthalten auch wichtige Transportbahnen.

Die Stängel dienen nicht nur als Ansatzstellen für andere Organe der Dahlien

Bei allen Gartendahlien handelt es sich um Stauden

Bei jenen Organen, die man umgangssprachlich als Blüten bezeichnet, handelt es sich aus streng botanischer Sicht um Blütenstände, die aus zahlreichen kleinen Einzelblüten bestehen. Diese sitzen in einem Körbchen zusammen. In der Mitte (von Züchtern oft als Scheibe, Knopf oder Auge bezeichnet) befinden sich die sehr dicht formierten Röhrenblüten, um welche sich die zumeist als Blütenblätter bezeichneten Zungenblüten anordnen.
Außerdem können viele Dahlien Staubblätter in sterile Blütenblätter umwandeln. Dadurch entstehen Blütenköpfe, die teilweise oder komplett gefüllt sind. Nicht selten sprießen diese Blütenblätter in so üppiger Anzahl, dass sie die Röhrenblüten komplett überdecken.

Die Blütenblätter und Röhrenblüten sind in einem schüsselähnlichen, mit Kelchblättern besetzten Blütenkelch eingebettet. Dadurch wird ihnen eine verhältnismäßig hohe Stabilität verliehen.

Die chlorophyllhaltigen, rundlichen Stängel tragen die Blütenköpfe und fungieren als Ansatzstellen für die gefiederten Laubblätter. Bei nicht wenigen Sorten erreichen die Stängel eine Länge von einem Meter und mehr.

Viele Sorten verfügen über so üppig sprießende Blütenblätter, dass dadurch die Röhrenblüten komplett überdeckt werden

In der Mitte der Blütenstände befinden sich die Röhrenblüten

Blütenkopf von unten betrachtet. Der Blütenkelch und die Kelchblätter sind gut erkennbar

Längsschnitt durch einen Blütenkopf

Unter den Gartendahlien wird der Stängel-Höhenrekord von der 'Kalinka' gehalten. Diese dunkelrot blühende Semikaktusdahlie erreicht Wuchshöhen von 3–3,5 m.

Des Weiteren dienen die Stängel zum Stofftransport. Für diesen Zweck haben nicht nur die Dahlien, sondern alle höheren Pflanzen im Laufe der Evolution spezielle Strukturen aus-

Wie bei allen Dahlien erfolgt auch in den Stängeln dieser 'Frau Luise Mayer' ein reger Stofftransport

gebildet, die als Leitbündel bezeichnet werden. Letztere bestehen aus einem Sieb- und Gefäßteil. Im Gefäßteil erfolgt der Transport von Wasser und darin gelösten, über die Wurzeln aufgenommenen anorganischen Nährstoffen, während im Siebteil organische Substanzen, wie die im Rahmen der Fotosynthese erzeugten Kohlenhydrate, befördert werden.

Wie bei allen chlorophyllhaltigen Pflanzen besteht auch bei den Dahlien die Hauptaufgabe der Laubblätter darin, Traubenzucker (Glukose) zu produzieren. Das geschieht im Rahmen der Fotosynthese. Über zahlreiche winzige Schlitze, die als Spaltöffnungen bezeichnet werden und sich an den Unterseiten der Blätter befinden, nehmen die Dahlien Kohlendioxid aus der Luft auf. Dieses wandeln die Chloroplasten mithilfe von Sonnenenergie und Wasser in Traubenzucker um. Der Traubenzucker wird sowohl für das Wachstum als auch für die Blütenentwicklung benötigt. Als Nebenprodukt fällt bei der Fotosynthese ein Überschuss an Sauerstoff an, von dem der größte Teil durch die Spaltöffnungen an die atmosphärische Luft abgegeben wird. Wie alle grünen Pflanzen produzieren die Dahlien aber nicht ständig Sauerstoff, sondern nur in einer Phase der Fotosynthese, die man Lichtreaktion nennt und ausschließlich bei Tageslicht beziehungsweise ausreichender künstlicher Beleuchtung erfolgt. Je mehr Sonnenlicht auf die Dahlienblätter trifft, desto umfangreicher ist normalerweise deren fotosynthetische Leistung.

Während der Nachtstunden findet die sogenannte Dunkelreaktion statt, bei welcher die Dahlien wieder einen Teil des am Tag produzierten Sauerstoffs aufnehmen.
Des Weiteren sind die Blätter in der Lage, den Wasserhaushalt der Dahlien zu regulieren. Sie

Wie alle grünen Pflanzen benötigen auch die Dahlien Licht, um Sauerstoff produzieren zu können

Die Blätter spielen eine enorm wichtige Rolle bei der Regulierung des Wasserhaushaltes der Dahlien

können über ihre Spaltöffnungen überschüssige Flüssigkeitsmengen in Form von kaltem, unsichtbarem Wasserdampf abgeben, welcher unter normalen Bedingungen für das menschliche Auge nicht sichtbar ist.

Die unteren Stängelbereiche münden in die Knollen, welche als Speicherorgane fungieren und sich je nach Dahliensorte in Form und Größe oft deutlich unterscheiden. In den Knollen lagern sie Nährstoffe sowie Wasser ein und schaffen dadurch ideale Voraussetzungen für ein erneutes Austreiben nach der winterlichen Ruhephase. In diesem Zusammenhang gilt es zu beachten, dass sich die Knospen für den Neuaustrieb am „Herz" der Pflanze zwischen den vorjährigen Stängeln befinden. Diese Knospen darf man beim herbstlichen Ausgraben der Knollen keinesfalls beschädigen. Es sei noch darauf verwiesen, dass in den Knollen das Kohlenhydrat Inulin besonders reichlich vorhanden ist, welches insbesondere von Diabetikern sehr gut vertragen wird.

Nicht alle Farben des Regenbogens

Dahlien repräsentieren sich uns in einer nahezu unendlichen Farbenpracht. Neben Sorten, deren Blüten nur eine Farbe aufweisen, existieren auch zahlreiche Dahlien mit mehrfarbigen Blütenköpfen.

Umso erstaunlicher erscheint es im ersten Moment, dass diese fast unendlich wirkende bunte Pracht lediglich auf den vier Farbstoffen Elfenbein, Gelb, Rot und Purpur basiert. Diese Farben, die in den jeweiligen Dahlien genetisch determiniert sind, werden durch die Mengen- und Mischungsverhältnisse unterschiedlicher chemischer Substanzen bestimmt. Unter anderem gehören Karotinoide, Flavonoide und Päonidine zu diesen Substanzen. Beim Fehlen solcher Stoffe bringen die Dahlien weiße Blüten hervor.

Weil im Genom der Dahlien die Anlagen für die Farben Blau, Braun und Schwarz fehlen, existieren keine Sorten mit derartig gefärbten Blüten. Die violetten Blütenfärbungen, die bei zahlreichen Dahlien vorhanden sind, resultieren aus einer Mischung von roten und purpurnen Substanzen.

Ähnlich verhält es sich bei Blüten mit bräunlichen Farbtönen, die bevorzugt bei zwei- oder mehrfarbig blühenden Sorten auftreten. Diese Farben kommen zustande, indem sich unterschiedliche Rottöne überlagern. Bei den sogenannten nachtroten Sorten, wie etwa der 'Black Jack', deren Blüten fast schwarz aussehen, wird diese Färbung ebenfalls nur durch sehr kräftige dunkelrote Töne hervorgerufen.

Im Jahre 1873 wurde der Züchter Johannes Sieckmann für eine scheinbare Sensation gefeiert. Sieckmann präsentierte eine vermeintlich grün blühende, heute nicht mehr existierende

Die Anemonendahlie 'Rock 'n' Roll' verkörpert eine herrlich bunt blühende Sorte

Die den Dekorativen Dahlien angehörende 'Conrad Sckell' mit ihren einfarbigen Blüten

Fehlen Farbstoffe, erblühen die Dahlien weiß, wie diese zu den Dekorativen Dahlien gehörende 'Katzelsdorf'

Die violetten Farbtöne in der 'Jaqueline' resultieren aus einer Mischung von roten und purpurnen Substanzen

Dahliensorte, die er 'Gottes Wunder' nannte. Gegenwärtig geht man davon aus, dass jene grünen Blüten infolge eines Bakterienbefalls auftraten oder es waren nur hochgewachsene, übermäßig wuchernde Kelchblätter, bei denen es sich vom Botanischen Standpunkt um keine Blüten handelt.

Eine 15-Klassen-Gesellschaft

Die wichtigsten Kriterien, um die einzelnen Dahliensorten zu unterscheiden, sind die Form und der Aufbau ihrer Blüten. Um eine bessere Einordnung zu ermöglichen, hatte man die Dahlien anfangs in folgende drei Gruppen unterteilt:

- einfach blühende Sorten (Gruppe Simplex)
- halbgefüllt blühende Sorten (Gruppe Duplex)
- gefüllt blühende Sorten (Gruppe Multiplex)

Später erweiterte/veränderte man diese Einteilung auf zehn, danach auf dreizehn und mittlerweile auf fünfzehn Klassen. Deren Einteilung stellt sich folgendermaßen dar:

Anemonendahlien wurden einst der Duplex-Gruppe zugeordnet

1. Klasse: Einfache Dahlien

Diese Dahlien weisen einen relativ schlichten, noch stark an die Wildformen erinnernden Blütenaufbau auf. Angehörige dieser Klasse besitzen nur einen Ring aus zumeist acht breiten Zungenblüten, welche sich bei zahlreichen Sorten überlappen. Im Blütenzentrum bilden dicht angeordnete Röhrenblüten eine flache, kreisförmige Scheibe. Je nach Sorte variiert der Blütendurchmesser bei den Einfachen Dahlien zwischen 3 und 12 cm.
Ein Sortenbeispiel ist die 'Saitenspiel'.

Einfache Dahlie 'Saitenspiel'

2. Klasse: Anemonendahlien

Die ersten Zuchtformen von Anemonendahlien, auch Anemonenblütige Dahlien genannt, gab es bereits vor knapp 200 Jahren. Im Unterschied zu den Einfachen Dahlien weisen die Anemonendahlien stärker strukturierte Blüten auf. Diese bauen sich aus einem oder mehreren Ring(en) flacher Zungenblüten auf, welche die im Zentrum befindlichen, dicht stehenden Röhrenblüten umschließen. Letztere sind relativ lang und verleihen dem Blütenzentrum ein büscheähnliches Aussehen. Sie können sowohl die gleiche als auch eine andere Farbe wie die Zungenblüten haben.
Ein Sortenbeispiel ist die 'Totally Tangerine'.

Anemonendahlie 'Totally Tangerine'

3. Klasse: Halskrausendahlien

Vertreterinnen aus dieser Klasse sind seit dem 19. Jahrhundert bekannt und stellen eine züchterische Weiterentwicklung der Einfachen Dahlien dar. Halskrausendahlien weisen einen inneren und einen äußeren Ring aus Zungenblüten auf. Letzterer besteht aus acht oder mehr teilweise überlappenden flachen Blütenblättern und ist deutlich größer als der innere Ring, der die „Halskrause" bildet. Bei den Strukturen des inneren Rings handelt es sich um umgebildete Staubgefäße,

Halskrausendahlie 'Blütenmeer'

die auch als Petaloiden bezeichnet werden. Innerer und äußerer Ring weisen fast immer unterschiedliche Färbungen auf. Das Blütenzentrum der Halskrausendahlien besteht aus flachen, sehr dicht stehenden Röhrenblüten, die sich genau wie bei den Einfachen Dahlien zu einer gut sichtbaren Scheibe formiert haben. Ein Sortenbeispiel ist die 'Blütenmeer'.

4. Klasse: Seerosendahlien

Seerosendahlien werden gelegentlich auch als seerosenblütige Dahlien bezeichnet. Ungeachtet, dass die als Vorbild fungierende Gattung der Seerosen eine stattliche Anzahl an Arten, Sorten sowie Hybriden umfasst, dienten nur jene als Vorbild, deren Blütenblätter flach und leicht nach innen gebogen waren. Die Tiefe der Blüten beträgt bei den Seerosendahlien weniger als die Hälfte des Blütendurchmessers.

Genau wie die Blüten der Dekorativen Dahlien sind die der Seerosendahlien komplett gefüllt und zeigen keine Scheibe. Ein Sortenbeispiel ist die 'Crème de Cognac'.

Seerosendahlie 'Crème de Cognac'

5. Klasse: Dekorative Dahlien

In früheren Zeiten nannte man die Vertreterinnen dieser Klasse zumeist Rosetten- oder Schmuckdahlien. Inzwischen hat man sich jedoch der internationalen Nomenklatur angepasst, indem man sie als Dekorative Dahlien führt. Man kann sich sicherlich streiten, ob diese Bezeichnung sehr glücklich gewählt wurde, denn eigentlich weisen alle Dahlien ein äußerst dekoratives Erscheinungsbild auf. Dekorative Dahlien besitzen sehr üppig gefüllte Blütenköpfe, in denen sich die breiten, flachen Blütenblätter, die an ihren Enden rund oder spitz auslaufen, etagenähnlich übereinander anordnen. Dadurch ist keine Scheibe sichtbar.

In Abhängigkeit von der Sorte können diese Dahlien Blütendurchmesser von 5 bis über 30 cm erreichen. Exemplare, deren Blütendurchmesser mehr als 15 cm messen, werden häufig als Riesendeko- oder veraltet als Riesenschmuckdahlien bezeichnet. Des Öfteren sind die Blütenköpfe solcher Dahlien so schwer, dass eine Stütze unbedingt erforderlich ist, um ein Abbrechen zu verhindern.

Ein Sortenbeispiel für Dekorative Dahlien ist die 'Harzfee'.

Dekorative Dahlie 'Harzfee'

6. Klasse: Balldahlien

Bei vielen Balldahlien, die gelegentlich auch als Kugeldahlien bezeichnet werden, handelt es sich um alte Sorten. Typisch ist das kugelähnliche Erscheinungsbild dieser Exemplare. Dieses resultiert daraus, dass die Blütenblätter, die zumindest zu 75 % spitztütenartig gerollt sind, eine sehr dichte Anordnung aufweisen. Als eindeutiges Abgrenzungskriterium zu den Pompondahlien müssen die Blütenköpfe der Balldahlien mindestens einen Durchmesser von 5,3 cm aufweisen.
Ein Sortenbeispiel ist die 'Jomanda'.

Balldahlie 'Jomanda'

7. Klasse: Pompondahlien

Übersetzt bedeutet das französische Wort „Pompon“ runde Bommel oder Wollkugel. Damit wird in sehr treffender Weise auf die annähernd kugelförmigen Blütenköpfe Bezug genommen, welche in ihrem Grundaufbau denen der Balldahlien stark ähneln. Allerdings sind die Blütenblätter bei den Pompondahlien noch stärker eingerollt als bei den Balldahlien.

Pompondahlie 'Baby Blue'

Außerdem darf bei Exemplaren, die nach internationalem Standard als „Pompons" klassifiziert werden sollen, der Durchmesser der Blütenköpfe maximal 5,2 cm betragen.
Ein Sortenbeispiel ist die 'Baby Blue'.

8. Klasse: Kaktusdahlien

Kaktusdahlie 'Television'

Bei der Züchtung von Kaktusdahlien wurde wiederholt die Wilddahlie, *Dahlia juarezii*, eingekreuzt. Diese besitzt relativ spitz auslaufende, leicht gebogene Blütenblätter. In ihrem Erscheinungsbild erinnern die Blütenköpfe der Kaktusdahlien ein wenig an die von Sommerastern, *Callistephus chinensis*, weil ihre Blütenblätter in der Längsachse – von der Spitze beginnend – um mehr als die Hälfte zusammengrollt sind. Die üppig gefüllten Blütenköpfe überdecken außerdem die Blütenscheibe komplett.
Ein Sortenbeispiel ist die 'Television'.

9. Klasse: Semikaktusdahlien

Semikaktusdahlie 'Blackberry Ripple'

Auch beim Herauszüchten der Semikaktusdahlien nutzte man die Wilddahlie *Dahlia juarezii* häufig als Kreuzungspartner. Wie bei den Kaktusdahlien laufen bei den Semikaktusdahlien die Blütenblätter ebenfalls spitz aus, aber sie sind an den Enden eingerollt. Deshalb wirken die Blütenköpfe fast wie Mischtypen aus Kaktus- und Dekorativen Dahlien. In den dicht gefüllten Blütenköpfen der Semikaktusdahlien sind die Blütenscheiben nicht sichtbar. Die meisten Vertreterinnen dieser Klasse gehören zu den großblumigen Dahlien, deren Blütenköpfe einen Durchmesser von 15 cm oder mehr aufweisen.
Ein Sortenbeispiel ist die 'Blackberry Ripple'.

10. Klasse: Diverse Dahlien

Innerhalb der Diversen Dahlien sind alle Sorten zusammengefasst, die sich aufgrund ihrer Blütenform in keine der anderen Klassen einordnen lassen. Bis vor einigen Jahren waren in dieser Klasse auch die nachfolgend klassifizierten Hirschgeweihdahlien, die Gefüllten Orchideendahlien, die Päoniendahlien sowie die Sterndahlien und die Stellardahlien integriert. Ein Sortenbeispiel ist die 'Vancouver'.

Diverse Dahlie 'Vancouver'

11. Klasse: Hirschgeweihdahlien

Hirschgeweihdahlien besitzen sehr markante Blütenblätter, deren Spitzen aufgespalten sind. Dadurch wirken die attraktiven Blütenköpfe fast ein wenig ausgefranst und erinnern mit etwas Fantasie an die Sprossen eines Hirschgeweihs.
Ein Sortenbeispiel ist die 'Normandy Orange Fluff'.

Hirschgeweihdahlie 'Normandy Orange Fluff'

12. Klasse: Sterndahlien

Man hätte wohl kaum eine treffendere Bezeichnung für die Vertreter dieser Klasse wählen können. Bei den Sterndahlien ordnen sich die Blütenblätter in einem Ring um die gut sichtbare Blütenscheibe an. Die Blütenblätter können mäßig bis vollständig eingerollt sein, wobei sie sich jedoch niemals überlappen.
Ein Sortenbeispiel ist die 'Honka Rood', auch des Öfteren 'Honka Red' genannt.

Sterndahlie 'Honka Rood'

13. Klasse: Gefüllte Orchideendahlien

Sicherlich kann man geteilter Meinung sein, ob die Blütenstände der Gefüllten Orchideendahlien tatsächlich denen von Orchideen ähneln, was jedoch nicht die Attraktivität dieser Dahlien schmälert. Ganz im Gegenteil, mit ihren langen, sehr grazil wirkenden Blütenblättern, die leicht nach oben oder unten gebogene Randbereiche aufweisen und sich gegenseitig nicht berühren, werden Gefüllte Orchideendahlien schnell zu einem Blickfang. Ein Sortenbeispiel ist die 'Giraffe'.

Gefüllte Orchideendahlie 'Giraffe'

14. Klasse: Päoniendahlien

Päoniendahlien werden gelegentlich auch als Pfingstrosenblütige Dahlien bezeichnet. Das verwundert nicht, weil „*Paoenia*“ der wissenschaftliche Gattungsbegriff für die Pfingstrosen ist. In den Blütenköpfen sind die flachen Blütenblätter in zwei oder mehreren Ringen um die zentrale, gut sichtbare Scheibe angeordnet.
Ein Sortenbeispiel ist die 'Olympic Fire'.

Päoniendahlien 'Olympic Fire'

15. Klasse: Stellardahlien

Bei den Stellardahlien sind die dicht stehenden, leicht nach innen gewölbten Blütenblätter nach unten gebogen. Dadurch wirken die Blütenköpfe fast ein wenig zerzaust. Die Blütenscheibe ist komplett überdeckt.
Ein Sortenbeispiel ist die 'Apelsini Sniega'.

Stellardahlie 'Apelsini Sniega'

Keine eigenständigen Klassen

Die nicht höher als 50 cm werdenden, sogenannten Beet-, Mignon- oder Liliputdahlien repräsentieren keine eigenständige Klasse.

Stattdessen werden sie – in Abhängigkeit von der Form und Größe ihrer Blütenköpfe – in die aufgeführten Klassen eingeordnet. Gleiches gilt für die Sorten, deren Stängel und Laubblätter eine weinrot-dunkelviolette bis fast schwärzliche Färbung aufweisen, zu denen unter anderem die Dekorative Dahlie 'David's Choice' gehört.

Dekorative Dahlie 'David's Choice'

In den einzelnen Klassen sind jeweils zahlreiche Sorten integriert. Bei der Sorte handelt es sich um einen systematischen Begriff, der eine Untereinheit der Art oder Unterart darstellt. Wissenschaftlich korrekt muss der Sortenname immer zwischen zwei Hochkommata geschrieben werden. Der Begriff „Sorte" wird grundsätzlich nur bei Kulturpflanzen verwendet, während man bei Nutztieren stets von der Rasse spricht.

Bei den Mignon-Dahlien handelt es sich um keine eigenständige Klasse

So klappt's mit den Dahlien

Dahlien erwerben – wo und was ist zu beachten?

Obwohl der Aufbau eines Dahlienbestandes auch durch die Aussaat von Samen oder über eine Stecklingsvermehrung möglich ist, entscheiden sich die meisten Gartenfreunde für den Erwerb von Knollen. Diese kann man entweder über den Internetversandhandel beziehen oder in Gartenfachmärkten beziehungsweise Spezialgärtnereien kaufen.

Ein Vorteil des Internetversandhandels besteht darin, dass das Angebot fast unerschöpflich ist und man nahezu jede Dahliensorte findet. Nachteilig ist, dass man die Qualität der Knollen im Vorfeld nicht in Augenschein nehmen kann. Falls man sich für das Bestellen von Knollen bei einem Internethändler entscheidet, sollte zunächst nachgeschaut werden, ob dieser fast nur positive Bewertungen von anderen Käufern erhalten hat. Dadurch vermeidet man weitgehend, an einen unseriösen Händler zu geraten.

Trotz der Tatsache, dass sowohl große Gartenmärkte als auch Spezialgärtnereien oft über hundert Sorten im Angebot haben, ist dieses – bezogen auf die Gesamtzahl aller Dahliensorten – doch relativ klein. Ein Vorteil des Direktkaufs besteht aber darin, dass man die Knollen zunächst ansehen kann.

Im Internetversandhandel findet man ein nahezu unerschöpfliches Angebot an Dahliensorten

Vielleicht hat man bei Freunden oder Bekannten eine Sorte entdeckt, die man künftig selbst pflegen möchte, wie beispielsweise diese 'Peter Braasch'

Zahlreiche Botanische Gärten führen oft seltene Dahliensorten in ihrem Bestand, zu denen auch diese Sterndahlie 'Destiny's Teachers' gehört

Außerdem ist in Spezialgärtnereien oft sehr fachkundiges Personal anwesend, das gern noch den einen oder anderen Praxistipp gibt.

Vielleicht war man im Sommer auch von einer Dahliensorte begeistert, die bei Freunden oder Bekannten im Garten stand. Dann bietet es sich an, zu fragen, ob diese im April einen Teil von den Knollen abgeben können.

Ein „Geheimtipp" können Botanische Gärten sein, die mitunter nicht nur Wildarten, sondern auch alte und seltene Sorten in ihrem Bestand führen. Dann lohnt sich die Nachfrage, ob Pflanzenbörsen veranstaltet werden und dabei auch der Verkauf überschüssiger Dahlienknollen erfolgt.

Beim Begutachten von Dahlienknollen sollte man zunächst deren Oberflächenbeschaffenheit inspizieren. Sehr schrumpelig-faltige Knollen haben später oft Probleme beim Anwachsen und/oder beim Ausschlagen. Normalerweise ist es ratsam, derartig „ausgelaugte" Knollen nicht zu erwerben. Aber manchmal möchte man trotzdem nicht auf den Erwerb verzichten, weil es sich vielleicht um eine sehr seltene Sorte handelt, nach der man schon längere Zeit vergeblich gesucht hat. In einer solchen Situation empfiehlt es sich, zu Hause sofort einen Rettungsversuch zu starten, indem man derartige Knollen für 24–36 Stunden zum Vollsaugen in lauwarmes Wasser legt. Anschließend pflanzt man sie in humusreiche Erde ein. Falls noch die Gefahr des Auftretens von Nachtfrösten besteht und deshalb kein Auspflanzen ins Freiland möglich ist, erfolgt am besten eine (sofortige) Kultivierung in geräumigen Blumentöpfen oder -kübeln. Diese platziert man anschließend in einem hellen Raum, in dem die Temperaturen 18–20 °C betragen. Nach den Eisheiligen nimmt man die Dahlien mit der gesamten Erde vorsichtig aus den Pflanzgefäßen und setzt sie an ihrem künftigen Standort ein. Zur allgemeinen Kräftigung gibt man nicht, wie bei „normal entwickelten" Knollen, eine halbe, sondern eine ganze Hand voll Hornspäne als Startdünger in das Pflanzloch.

Hornspäne haben sich als guter Startdünger erwiesen

Beim Betrachten der Knollen gilt es auch darauf zu achten, dass sich an ihnen weder Schimmelpilze noch angefaulte Stellen befinden. Derartige Exemplare sollte man möglichst nicht erwerben, wobei kleine Fäulnisstellen, die sich herausschneiden lassen, nicht so gravierend sind wie Schimmelpilze.

Als besonders empfehlenswerte Exemplare haben sich Knollen erwiesen, an denen noch getrocknete, 10–12 cm lange Stängelreste vorhanden sind. Diese stellen ein Indiz dafür dar, dass im Herbst die oberirdischen Pflanzenteile nicht zu kurz über der Erdoberfläche abgeschnitten wurden.

Vollsonnig und nicht zu feucht

In den natürlichen Heimatgebieten der Wilddahlien sind die Bodensubstrate bezüglich ihrer Qualität als nicht übermäßig üppig zu bewerten. Deshalb wird oft propagiert, dass man auch die Kulturhybriden nicht zu sehr verwöhnen soll, was vom Grundsatz auch zutreffend ist.

Allerdings darf dabei nicht vergessen werden, dass bei der Zucht der meisten Hybriden die Blühfreudigkeit und die damit verbundene Ausbildung großer Blüten im Vordergrund stand. Die meisten Sorten bringen Blüten hervor, die um ein Vielfaches größer und oft auch deutlich schwerer sind als die jener Wild-

Die meisten Gartendahlien, wie diese 'Edinburgh', sind Kulturhybriden

formen, welche als züchterisches Ausgangsmaterial dienten. Deshalb haben die meisten Gartendahlien einen etwas umfangreicheren Wasser- und Nährstoffbedarf.

Sämtliche Gartendahlien sind ausgesprochene „Sonnenkinder". Sie gedeihen am besten an sich schnell erwärmenden, luftigen Standorten, die der täglichen Sonneneinstrahlung so lange wie möglich ausgesetzt sind.

Das Bodensubstrat für Dahlien sollte schwach feucht, aber keinesfalls staunass sein (Staunässe ist „Gift" für die Knollen, sie neigen dann schnell zur Fäulnis). Für die Kultivierung hat sich lockere, tiefgründige Erde sehr gut bewährt, welche reichlich Humus enthält und mit etwas Sand vermischt wurde.

Beim Humus handelt es sich um die Gesamtheit aller im Boden befindlichen, extrem fein

Lockeres, humusreiches Bodensubstrat, das etwas Sand enthält, eignet sich sehr gut zum Anbau von Dahlien

zersetzten organischen Substanzen. Damit der sogenannte Dauerhumus entsteht, ist ein artenreiches Spektrum an Bodenlebewesen erforderlich, das als Edaphon bezeichnet wird. Es umfasst vor allem riesige Mengen an mikroskopisch kleinen Bakterien, sonstige

Dahlien sind ausgesprochene „Sonnenkinder"

Einzeller, Algen, winzige Pilze, Amöben, Fadenwürmer, Springschwänze, Käfer und Regenwürmer.

Dem Edaphon dient Nährhumus, bei dem es sich um abgestorbene tierische und pflanzliche Reste handelt, als Nahrungsquelle. Die Ausscheidungen des Edaphons bilden anschließend eine wichtige Grundlage für den Dauerhumus, der für die feinkrümelige Struktur des Bodens hauptverantwortlich ist. Aufgrund seiner zahlreichen Kolloide (geleeähnliche Verbindungen) weist der Dauerhumus außerdem ein hohes Bindevermögen für mineralische Nährstoffe und Wasser auf. Dadurch verhindert er, dass diese Substanzen in tiefere Erdschichten driften, wo sie für die Pflanzen nicht mehr verfügbar wären. Im Unterschied zu Ton fixiert Dauerhumus die mineralischen Nährstoffe nur so fest, dass diese noch von den Wurzeln der Pflanzen aufgenommen werden können. Letztlich begünstigt der Dauerhumus das Wärmehaltevermögen sowie die Luftdurchlässigkeit des Bodens.

Erfolgt keine kontinuierliche Zufuhr von Nährhumus, verringert sich allmählich der Gehalt an Dauerhumus. Dadurch sinkt wiederum die Bodenfruchtbarkeit. Um dem entgegenzuwirken, kann ein Eingraben von Gründünger (beispielsweise frischer Rasenschnitt oder Phacelia), Stroh, Falllaub und/oder Stallmist erfolgen. Ebenso stellt junger, noch in der Verrottung befindlicher Kompost (dieser wird auch als Rohkompost bezeichnet) eine ausgezeichnete Nahrungsgrundlage für das Edaphon dar.
Des Weiteren hat es sich als vorteilhaft erwiesen, wenn „Dahlienböden" einen pH-Wert von etwa 6,4–6,7 aufweisen.

Unter dem pH-Wert versteht man den negativen dekadischen Logarithmus der Wasserstoffionenkonzentration. Einfacher aus-

Phacelia, auch Büschelschön genannt, stellt sowohl eine ausgezeichnete Bienenweide als auch einen schnell verrottenden Gründünger dar

Rohkompost

gedrückt, gibt er an, ob eine Substanz sauer, alkalisch oder neutral reagiert. Bei einem pH-Wert von 7,0 sind die Konzentrationen an Wasserstoff- (H^+) und Hydroxidionen (OH^-) identisch, sodass die betreffende Substanz neutral reagiert. Liegt ein Überschuss an Wasserstoffionen vor, sinkt der pH-Wert unter 7,0 und der Säureanteil nimmt zu. Steigt dagegen bei einer erhöhten Konzentration von Hydroxidionen der pH-Wert über 7,0, weist die Substanz einen zunehmend alkalischen Charakter auf.

Der pH-Wert des Bodens lässt sich sehr einfach mit preiswerten Teststreifen ermitteln, welche im Fachhandel erhältlich sind. Diese Streifen müssen nur auf das feuchte Erdreich gedrückt werden. Bereits nach wenigen Augenblicken kann man anhand der Verfärbungen auf den Teststreifen und unter Zuhilfenahme einer Vergleichsskala (diese befindet sich in oder auf der Teststreifenverpackung) den pH-Wert exakt feststellen. Ist dieser deutlich zu hoch, bietet es sich an, etwas Torf in das Dahlienbeet einzugraben. Torf bewirkt eine Absenkung des pH-Wertes. Ist dagegen der pH-Wert zu niedrig, kann eine Anhebung durch das Ausbringen von Kalk erfolgen. Hierfür verwenden viele Dahlienliebhaber gern Algenkalk. Neben Kalzium enthält dieser aus abgestorbenen Korallenalgen bestehende Dünger weitere wichtige Nährstoffe sowie 5 % Silikate und zahlreiche Spurenelemente. Gleichzeitig hat sich Algenkalk als prophylaktisches Mittel gegen Mehltau bewährt. Wenn Algenkalk gelegentlich (sonst beeinträchtigt er die Blattatmung der Dahlien) als „Überkopfdünger" verabreicht wird, lagert sich ein Teil als feiner Staub auf den Blättern ab und verhindert, dass sich auf diesen Mehltaupilze

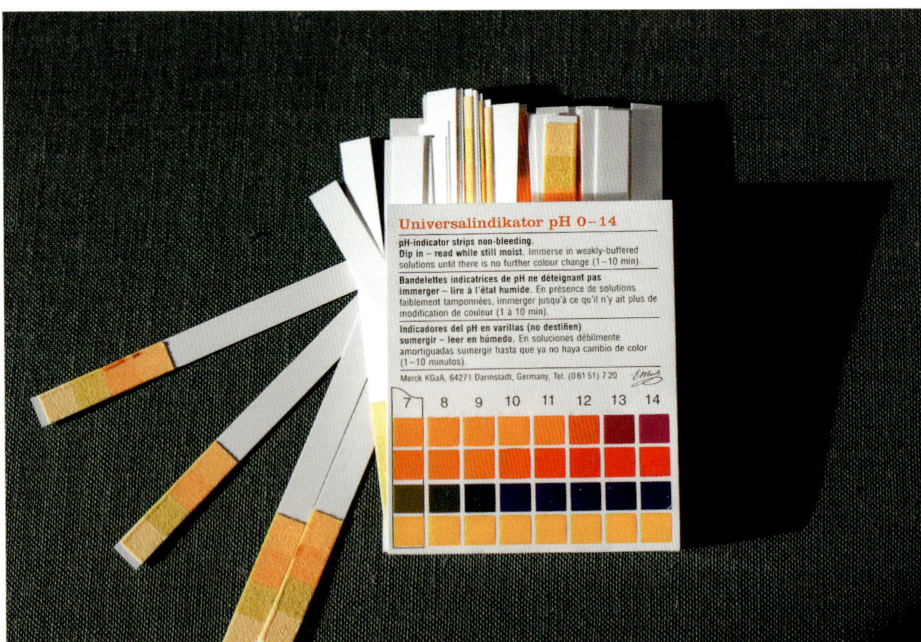

Mit handelsüblichen Teststreifen lässt sich der pH-Wert des Bodens schnell ermitteln

ansiedeln. Darüber hinaus erhöht Algenkalk die Resistenz gegen Insektenbefall, indem er zur Festigung der Laubblätter beiträgt, wodurch diese für Blattläuse und Blattwanzen unattraktiver werden. Letztlich wirkt sich Algenkalk förderlich auf die Festigkeit sowie Haltbarkeit der Dahlienknollen aus, wenn diese zur Winterruhe eingelagert werden.

Alles zu seiner Zeit

Der ideale Zeitraum zum Pflanzen von Dahlien erstreckt sich von Ende April bis Anfang Mai. Falls dann noch gelegentlich Nachtfröste auftreten, dringen diese nicht mehr so weit in den Boden ein, dass dadurch die Knollen geschädigt werden. Außerdem erwärmt sich ab Ende April das Erdreich tagsüber zumeist auch sehr schnell. Der RGT-Regel folgend, beschleunigen wärmere Böden den Austrieb sowie das spätere Wachstum der Dahlien.

Diese Regel, auch Van't-Hoffsche-Regel genannt, sagt aus, dass alle Stoffwechselprozesse bei einer Temperaturerhöhung von etwa 10 °C doppelt bis dreimal so schnell ablaufen. Voraussetzung ist allerdings, dass sich diese Erhöhung dem von der jeweiligen Art bevorzugten Temperaturoptimum nähert und auch alle sonstigen das Wachstum beeinflussenden Faktoren, wie etwa Licht, Wasser und Nährstoffe, in ausreichenden Mengen vorhanden sind. Konkret würde das für Dahlien bedeuten, dass sie beispielsweise bei einer Temperatur von 30 °C sechs- bis neunmal schneller wachsen als bei 10 °C.

Auf wärmeren Böden wachsen Dahlien besonders zügig

Ein schnelleres Wachstum birgt unter anderem den Vorteil, dass die Dahlien im Jugendstadium weniger stark durch Schneckenfraß oder sonstigen Parasitenbefall geschädigt werden können. Dadurch haben sie fast immer bessere Chancen, sich zu kräftigen Exemplaren zu entwickeln.

Im Vergleich zu manchen anderen Blumenarten, stellvertretend seien Rosen und Tulpen genannt, bei denen nach ein paar Jahren eine gewisse „Bodenermüdung" auftritt, kommt dieses Problem bei den Dahlien kaum vor. Allerdings muss die Bodenfruchtbarkeit, wie bereits beschrieben, durch regelmäßige Düngergaben erhalten beziehungsweise regeneriert werden.

Oftmals haben sich in der zurückliegenden Vegetationsperiode derartig viele Knollen gebildet, dass vor dem erneuten Einpflanzen eine Teilung nicht nur ratsam, sondern unbedingt erforderlich ist. Durch das Teilen verhindert man, dass sich die Knollen gegenseitig im Wachstum beeinträchtigen, wodurch wiederum die Entwicklung kleinerer und schwächlicher Dahlien forciert würde.

Wenn die anderen Umweltfaktoren in ausreichenden Mengen vorhanden sind, wirken sich höhere Temperaturen bei den Dahlien wachstumsstimulierend aus

Die Teilung muss so vorgenommen werden, dass anschließend an jedem Teilstück mindestens ein Augentrieb vorhanden ist. Zu diesem Zweck kann man die Knollen entweder per Hand auseinanderbrechen oder mit einem scharfen Messer zerschneiden. Nach der Teilung legt man die Knollen an eine warme Stelle, damit die Bruch- beziehungsweise Schnittstellen in den nächsten 24 Stunden trocknen können. Dadurch vermeidet man weitgehend, dass Angriffsflächen für im Boden befindliche Fäulniserreger sowie schädigende Keime vorhanden sind.

Viele Dahlienfreunde geben den Knollen vor dem Einpflanzen die Möglichkeit, sich mit „Startflüssigkeit" vollzusaugen, indem sie diese 12 Stunden wässern. Durch diese Maßnahme kann nach dem Einpflanzen sogar auf ein Angießen verzichtet werden.

Je nach Wuchshöhe benötigen die einzelnen Dahliensorten unterschiedlich viel Platz, um optimal zu gedeihen. Die folgende Tabelle enthält Empfehlungen, in welchen Abständen man die Pflanzlöcher für die jeweiligen Dahlien ausheben sollte.

Sortenhöhe	Mindestpflanzabstände zwischen zwei benachbarten Exemplaren
niedrige Sorten, die nicht wesentlich höher als 50 cm werden	30–40 cm
Sorten, die Wuchshöhen von 50–120 cm erreichen	60–70 cm
Sorten, die höher als 120 cm werden	80–100 cm

Aufgrund ihrer Wuchshöhe, die nicht mehr als 110 cm beträgt, genügen bei der 'David Howard' Pflanzabstände von 60–70 cm

Außerdem besagt eine Faustregel, dass es vorteilhaft ist, wenn die Pflanzlöcher für Dahlien eine Tiefe von etwa drei Viertel eines Spatenstichs haben. Diese Regel sollte man zwar beherzigen, aber nicht dogmatisch anwenden. Stattdessen gilt es vor allem darauf zu achten, dass die Austriebstellen der Knollen nach dem Auffüllen der Pflanzlöcher mit einer etwa 5–7 cm starken Erdschicht überdeckt sind.

Knollen, die zu tief in den Boden gesetzt wurden, müssen deutlich mehr Energie in das Austreiben investieren als sachgerecht gepflanzte Exemplare. Diese verloren gegangene Energie fehlt dann den Dahlien bei ihrem weiteren Wachstum.

Wenn man in Gegenden mit einer hohen Wühlmausdichte wohnt (beispielsweise in Ortsrandlagen, die direkt an Felder grenzen), besteht die erhöhte Gefahr, dass diese Nager die Dahlienknollen an-/auffressen. Um das von vornherein zu vermeiden, bietet es sich an, die Pflanzlöcher mit einem feinmaschigen Drahtgitter auszukleiden, durch welches diese Nager nicht hindurchkriechen können. Dabei muss man darauf achten, dass das Drahtgeflecht bis zum oberen Rand des Pflanzloches reicht. So geschützt, ist es den Wühlmäusen nicht möglich, in ihren unterirdisch angelegten Gängen bis zu den Dahlienknollen vorzudringen.

Des Weiteren hat es sich bewährt, als „Starthilfe“ eine halbe Handvoll Hornspäne oder getrockneten, pelletierten Rinderdung in jedes Pflanzloch zu geben.

Stäbe und/oder Ringgitter, die als künftige Stützhilfen fungieren sollen, platziert man im Boden, solange die Pflanzlöcher noch geöffnet sind. Dadurch vermeidet man spätere Verletzungen an den Dahlienknollen. Zum Anbinden der Stängel an den Stäben eignet sich ein breiter Bastfaden. Eine zusätzliche Möglichkeit, um die schweren Blütenköpfe von Riesenschmuckdahlien und anderen Sorten zu stützen, besteht darin, unmittelbar unter diesen Schnüre zu spannen, sodass ein großmaschiges Netz entsteht. Dafür verwendet man vorzugsweise grüne Schnüre, weil diese zwischen dem Dahlienlaub optisch weniger hervorstechen. In der Folgezeit

Stützstäbe sollte man im Boden platzieren, solange die Pflanzlöcher noch geöffnet sind

gilt es darauf zu achten, dass die Blütenköpfe, noch bevor sie sich öffnen, durch die Maschen des Netzes geleitet werden.
Es ist auch möglich, die einzelnen Dahlienstandorte nach dem Auflaufen mit einer Lage Rindenmulch zu umgeben, um den Boden so besser vor dem Austrocknen zu schützen. Allerdings verzichten zahlreiche Dahlienfreunde auf diese Maßnahme, denn die Mulchschicht stellt eine gern in Anspruch genommene Versteckmöglichkeit für die unliebsamen Nacktschnecken dar.

Unter dem Blütenkopf dieser Hirschgeweihdahlie wurde ein grobmaschiges Netz aus grünen Schnüren gespannt

Perfekt gepflegt

Während der Wachstums- und Blühphase gilt es darauf zu achten, dass jederzeit eine ausreichende Versorgung der Dahlien mit Wasser gewährleistet wird. Diese Wasserversorgung ist sowohl für die Fotosynthese als auch für die Aufnahme von Nährstoffen äußerst wichtig. Die Nährstoffe sind in dem im Erdreich vorhandenen Wasser in Form von Ionen enthalten und können so von den feinen Wurzelhärchen aufgenommen werden, die sich an den Knollen der Dahlien befinden.

Dahlien mögen weder staunassen noch total ausgetrockneten Boden. Deshalb ist in regenreichen Sommern ein Gießen nur selten erforderlich. Anders sieht es aus, wenn längere Hitzeperioden auftreten, in denen mitunter über Wochen hinweg kein Niederschlag fällt. Bei derartigen klimatischen Bedingungen ist es ratsam, die Dahlien möglichst täglich zu gießen, denn über das Blattwerk werden kontinuierlich große Wassermengen verdunstet, die man über das Gießwasser indirekt wieder zuführt. Oftmals wird beim Gießen allerdings der Fehler begangen, sämtliche Dahlien zwar täglich,

Während der Blühphase ist darauf zu achten, dass die Dahlien ausreichend mit Wasser versorgt werden

aber dafür nur mit unzureichenden Wassermengen zu versorgen. Ein Großteil dieses mehr oder weniger „vertröpfelten" Wassers ist jedoch pflanzenunwirksam, weil es oft nicht die Wurzeln erreicht und somit keine Wasseraufnahme erfolgen kann. In Situationen, in denen nicht täglich genügend Gießwasser zur Verfügung steht, ist es deshalb wesentlich sinnvoller, die Dahlien nur alle 2–3 Tage, aber dann mit einer reichlichen Wassergabe zu versorgen.

Außerdem sollte man im Sommer nie während der heißen Mittagsstunden gießen. Während dieser Zeit strahlt die Sonne besonders intensiv, weshalb deutlich mehr Gießwasser verdunsten würde als in den Morgen- oder Abendstunden. Des Weiteren hat es sich bewährt, den Dahlien das Gießwasser an ihre „Füße" und nicht über „Kopf" zu verabreichen. Dadurch vermeidet man, dass Teile der Pflanzenblätter verbrennen, wenn sich Wassertropfen auf ihnen absetzen. Derartige Tropfen wirken nämlich oftmals wie kleine Prismen, welche die Sonnenstrahlen bündeln, wodurch diese besonders heiß werden.

Für ein optimales Wachstum und reichliche Blütenansätze ist außerdem eine ausreichende Versorgung mit Mineralstoffen unerlässlich. Diese sind in besonders konzentrierter Form in organischen und mineralischen Düngern enthalten (wie beispielsweise in dem bereits erwähnten Algenkalk).

Bei den Mineralstoffen unterscheidet man zwischen Mengen- und Spurenelementen. Zu den Mengenelementen gehören Stickstoff, Schwefel, Phosphor, Kalium, Magnesium und Kalzium. Davon benötigen die Dahlien etwa

Gießwasser verabreicht man den Dahlien vorzugsweise nicht über den „Kopf", sondern an die „Füße"

Beim Verteilen von Mineraldünger

20 mg/kg Lebendmasse. Im Unterschied dazu liegt der Bedarf an Spurenelementen, zu denen in erster Linie Eisen, Mangan, Bor, Zink und Kobalt gehören, deutlich unter 20 mg/kg Lebendmasse.

Die Funktionen, welche die einzelnen Elemente für den Organismus der Dahlien haben, sind sehr vielfältig. **Stickstoff** stellt dabei das wichtigste Mengenelement dar. Er ist Bestandteil aller pflanzlichen Eiweiße, des Erbgutes und des Blattgrüns. Deshalb zeigen frisch mit Stickstoff gedüngte Dahlien eine besonders satte Färbung. Dagegen neigen Exemplare, die mit Stickstoff unterversorgt sind, zum Ausbleichen. Diese Tatsache soll jedoch nicht dazu animieren, die Dahlien mit stickstoffhaltigem Dünger zu überfrachten. Eine derartige Überdüngung wirkt sich ebenfalls negativ auf die Dahlien aus, weil diese dann zu geilen beginnen, indem sie zu schnell in die Höhe wachsen und dabei nur sehr schwache Stängel und Triebe ausbilden. Außerdem unterdrücken zu reichliche Stickstoffgaben eine üppige Blütenbildung und forcieren stattdessen eine umfangreiche Laubblattentwicklung. Es genügt vollkommen, den Dahlien pro Monats eine mäßige Gabe mineralischen Dünger zu verabreichen.

Im Interesse einer kräftigen Ausbildung von Blütenköpfen dürfen Dahlien nicht zu viel Stickstoffdünger erhalten

Phosphor, **Kalium** und **Magnesium** wirken sich förderlich auf die Entwicklung und das Wachstum der Blüten aus. Magnesium steuert außerdem die Bildung des oft als Chlorophyll bezeichneten Blattgrüns und wirkt im Rahmen des Säure-Basen-Gleichgewichtes als Puffersubstanz, die ein plötzliches starkes Absinken des pH-Wertes in den Dahlien verhindert. Außerdem wird durch Phosphor die Standfestigkeit der Dahlien begünstigt. Aber auch für Phosphor gilt Ähnliches wie für Stickstoff. Ein Überdüngen mit Phosphor bewirkt, dass die Dahlien keine Spurenelemente, allen voran Zink, Molybdän, Mangan und Bor, mehr aufnehmen können. Bei einem Mangel an diesen Elementen stellt sich oftmals Kümmerwuchs ein und außerdem werden die Dahlien krankheitsanfälliger.

Kalzium fungiert außerdem als Stabilisator des Säure-Basen-Haushaltes und begünstigt die Stickstoffaufnahme.

Schwefel stellt einen Bestandteil vieler Proteine und pflanzlicher Inhaltsstoffe dar.

Eisen ist an der Bildung zahlreicher Kohlenhydrate beteiligt.

Mangan wirkt Wachstumsdepressionen bei einem Stickstoffüberschuss entgegen und trägt zum Reifen der Samen bei.

Bor fördert die Widerstandskraft der Wurzeln und ist wichtig für den Kohlenhydrat- sowie Kalziumstoffwechsel in den Dahlien.

Zink fördert die Bildung von wachstumsstimulierenden Substanzen in den Pflanzen.

Kobalt trägt zur Regulierung der Zellatmung bei.

Ein Nachteil vieler mineralischer Düngemittel besteht darin, dass sie von den im Erdreich lebenden Mikroorganismen schlechter vertragen werden als organische Dungstoffe. Außerdem stellen die organischen Festdünger eine natürliche, kontinuierlich fließende Nährstoffquelle dar, aus der sich die Dahlien über einen längeren Zeitraum optimal versorgen können. Im Unterschied dazu werden Mineraldünger durch starke Regenfälle schneller in tiefere Erdschichten verfrachtet und außerhalb der „Reichweite“ der Dahlienwurzeln abgelagert.

Es wurde bereits darauf hingewiesen, dass sich Hornspäne und Rinderdung besonders gut zur organischen Nährstoffversorgung der Dahlien eignen, weshalb man sie Pferde-, Kaninchen- oder Taubenmist vorziehen sollte. Falls nur die letztgenannten Dungstoffe zur Verfügung stehen, kann man sich eines kleinen Tricks bedienen und diese in besonders gut verträgliche Düngemittel umwandeln. Zu diesem Zweck mischt man den Mist mit

Mit anderen Komponenten vermischt, lässt sich Stallmist in einem Komposter ohne weiteres Zutun zu hochwertiger Komposterde umwandeln

Indem das Erdreich rings um die Dahlien regelmäßig gehackt wird, erzielt man mehrere positive Effekte

Gartenerde oder anderen organischen Substanzen, beispielsweise pflanzlichen Küchenabfällen und Rasen- oder zerkleinerten Heckenschnitt. Anschließend gibt man dieses Gemisch in den Komposter, wo es mindestens 4–5 Wochen verbleibt. Während dieser Zeit erfolgt eine Verkompostierung des eingefüllten Materials, wobei sowohl die Mist- als auch alle restlichen Bestandteile zu Rohkompost umgewandelt werden. Diesen Rohkompost verteilt man um die Dahlien und harkt ihn – sofern das möglich ist – vorsichtig ein.

Eine noch bessere Variante besteht darin, dem Inhalt des Komposters ausreichend Zeit zu geben, damit sich nicht nur Rohkompost, sondern die qualitativ als noch hochwertiger einzuschätzende Komposterde bildet. Nachdem man diese durchgesiebt hat, wird sie ebenfalls um die Dahlien verteilt, ohne dass ein Einharken erfolgt.

Der Volksmund sagt „Einmal hacken spart dreimal gießen". Obwohl man diesen Ausspruch nicht wörtlich nehmen sollte, enthält er trotzdem einen hohen Wahrheitsgehalt. Durch die Versorgung mit Gießwasser sowie durch auftreffende Niederschläge, wird reichlich Schluff in die im Boden vorhandenen Poren und winzigen Lüftungsgänge eingeschwemmt. Dadurch wird nicht nur die Luftzirkulation im Boden stark beeinträchtigt, sondern die Oberflächen des Dahlienbeetes verkrusten auch zunehmend. Die Folge ist eine Reduzierung der Feinkrümeligkeit des Erdreichs, wodurch auftreffendes Wasser schlechter eindringen kann, sodass oft ein Teil davon nutzlos wegfließt.

Dieses „Problem" lässt sich durch regelmäßiges Hacken vermeiden. Dabei erfolgt nicht nur eine Lockerung des Bodens, wodurch neue Eintrittspforten für Luft und Wasser

Beim Entfernen der Nebenknospen

entstehen, sondern gleichzeitig eine Beseitigung von unerwünschten Unkräutern.

Am effektivsten ist ein Hacken an trockenen, warmen Tagen während der Mittagsstunden. Unkräuter, die dabei mit ihren Wurzeln aus dem Boden gehebelt werden, haben danach – im Unterschied zu feuchtem Wetter – kaum eine Chance erneut anzuwachsen.

Im Interesse einer möglichst kräftigen Entwicklung der einzelnen Dahlienpflanzen hat es sich bewährt, dass pro Knolle nur 4–5 Triebe verbleiben. Die restlichen Triebe bricht man einfach ab. Manchmal erscheinen bereits zwischen Mitte und Ende Juni die ersten Blütenknospen. Sie befinden sich stets an den Triebspitzen, wobei die in der Mitte befindliche Hauptknospe fast immer von 1–3 Nebenknospen umgeben ist. Spätestens zu diesem Zeitpunkt muss entschieden werden, ob man an mehr kleinen oder etwas größeren, aber dafür weniger Blütenköpfen Interesse hat. Wenn ein Entfernen der Nebenknospen am Haupttrieb erfolgt, wirkt sich dieses stimulierend auf das Größenwachstum der Hauptknospe aus. Um dabei eine eventuelle Übertragung von Krankheiten zu vermeiden, sollte man beim Entfernen der Nebenknospen – genau wie beim Ausgeizen von Tomaten – weder ein Messer noch eine Schere verwenden, sondern die überzähligen Triebe mit der Hand ausbrechen.

Eine ähnliche Methode, durch die sich relativ große Blüten an den Seitentrieben erreichen lassen, ist das sogenannte Stoppen oder Pinzieren.

Zu diesem Zweck wird der Haupttrieb abgebrochen. Die Dahlie ist dann bestrebt, diesen

Beim Pinzieren

Verlust auszugleichen, indem sie ihre Kraft in die Blüten der Seitentriebe investiert.

Eine allgemeine Maßnahme, um die Blühfreudigkeit der Dahlien zu steigern, stellt das sogenannte Ausputzen dar. Hierbei werden die alten, bereits abgewelkten Blüten ausgebrochen. Dadurch verhindert man, dass in diesen Samen ausreifen können. Das Ausputzen stachelt wiederum den „Egoismus" der jeweiligen Dahlie an. Dieser Egoismus basiert darauf, dass alle Lebewesen bestrebt sind, in den nachfolgenden Generationen mit einer möglichst großen Anzahl an Genen präsent

Durch das Ausputzen wird die Blühfreudigkeit der Dahlien stimuliert

zu sein. Eine sehr große Nachkommenschaft können Dahlien unter natürlichen Bedingungen nur über die Verbreitung von Samen realisieren und deshalb sind sie bestrebt, die verlorenen Blüten durch die Bildung neuer zu kompensieren.

Beim Ausputzen wird der Blütenstiel an der nächsten Gabel ausgebrochen oder abgeschnitten. Neben der Stimulation zur Bildung neuer Blüten bleibt dadurch auch die buschig-kompakte Wuchsform der Dahlie weitgehend erhalten.

Zu den Pflegemaßnahmen gehören auch regelmäßige visuelle Untersuchungen der Dahlien auf Parasiten und Krankheiten. Derartige Inspektionen lassen sich zumeist parallel zu den anderen Arbeiten durchführen, die bei den Dahlien erforderlich sind.

Solitär oder mit anderen Sorten und Arten?

Je nach individuellen Vorstellungen lassen sich Blumenbeete sehr unterschiedlich gestalten. Beispielsweise besteht die Möglichkeit, ein Beet oder eine Rabatte nur mit Exemplaren einer Dahliensorte oder -art zu bestücken.

Durch die einheitliche Blütenfärbung entstehen auf diese Weise oft attraktive Kontraste zu benachbarten Beeten, die sowohl mit andersfarbigen Dahlien als auch mit sonstigen Blumen bestückt sein können.

Eine weitere Variante ist das Anlegen von Dahlienbeeten mit unterschiedlichen Sorten. Dabei kann man sich für Exemplare aus einer Klasse, beispielsweise Hirschgeweihdahlien mit unterschiedlichen Blütenfärbungen, oder einer bunten Mixtur aus Vertretern verschiedener Klassen entscheiden. Selbstverständlich lassen sich auch Sorten hervorragend miteinander kombinieren, die unterschiedlich gefärbtes Laub besitzen. Dadurch entstehen ebenfalls sehr ansprechende Farbkontraste.

Auf diesem Beet wurden Hirschgeweihdahlien mit unterschiedlich gefärbten Blüten kombiniert

Ein mit einer Sorte bestücktes Dahlienbeet

Außerdem besteht die Möglichkeit, Dahlien mit anderen Blumen oder Gehölzen zu kombinieren. Vielleicht möchte man mehrere Exemplare einer Sorte inselartig in solche Beete integrieren. Ebenso ist es denkbar, sowohl die Dahlien als auch die anderen Blumen nach der Farbe ihrer Blüten auszuwählen und auf diese Weise ein Beet zu schaffen, das ausschließlich rot oder gelb blüht. Hierbei lassen sich sehr schöne Kombinationseffekte erzielen, indem beispielsweise Balldahlien mit ihren runden Blütenköpfen neben trichterartig blühende Gladiolen gesetzt werden. Denkbar wäre auch, Dekorative Dahlien beispielsweise mit Lupinen zu kombinieren. Wenn sich die Blühphase der Lupinen ihrem Ende neigt, kommen die Dahlien erst so richtig „in Fahrt“. Dadurch entsteht kein weitgehend einheitliches Grün auf den Beeten. Stattdessen begeistert das Beet über einen deutlich längeren Zeitraum mit seiner Blütenpracht.

Interessante Nachbarn

Zu den Nachbarpflanzen, die sich für Dahlienkulturen hervorragend bewährt haben, gehören alle Arten aus der Gattung **Buchsbaum** (*Buxus*). Diese Gattung umfasst rund 70 Arten. Fachmärkte bieten zumeist den Gewöhnlichen Buchsbaum, *Buxus sempervirens*, sowie den auch als Japanischen Buchsbaum bezeichneten Kleinblättrigen Buchsbaum, *Buxus microphylla*, an. Beide Arten kommen auf typischen „Dahlienböden“ in der Regel sehr gut zurecht. So bevorzugen sie einen vollsonnigen Standort, der nicht staunass ist und keinen allzu niedrigen pH-Wert aufweist.

Nicht nur Dahlienliebhaber schätzen am Buchsbaum, dass dieser einen für die menschliche Nase kaum wahrzunehmenden Duft verströmt, welchen jedoch Nacktschnecken als äußerst unangenehm empfinden. Diese Weichtiere sind dann bestrebt, Futterstellen zu finden, die sich außerhalb des „Buchsbaum-Duftkreises“ befinden. Deshalb lassen sie auch Dahlien weitgehend unbehelligt, die sich innerhalb eines derartigen „Duftkreises“ befinden.
Außerdem gehört der Buchsbaum zu jenen Gehölzen, die sich hervorragend in Form schneiden lassen. Wer neben der Dahlienliebhaberei gärtnerisch-künstlerische Ambitionen hat, kann somit seine Fantasien an Buchsbäumen in vollem Umfang ausleben.

Buchs wehrt nicht nur Nacktschnecken ab, sondern lässt sich auch hervorragend in Form schneiden

Gemeine Sonnenblume

Hybriden der Goldenen Inkalilie

Als weitere potenzielle Nachbarin, die auch in den Ursprungsgebieten der Dahlien heimisch ist, hat sich die **Gemeine Sonnenblume**, *Helianthus annus*, erwiesen.

Unter natürlichen Bedingungen besiedelt sie ein Verbreitungsgebiet, das sich vom Südwesten der USA bis nach Mexiko erstreckt. Genau wie die Dahlien gehört auch die Sonnenblume zu den Korbblütlern. Allerdings handelt es sich bei ihr nicht um eine Staude, sondern um eine einjährige Art, die in Abhängigkeit von der Sorte eine Wuchshöhe von 1,5–4 m erreichen kann. Von der Sonnenblume existieren neben Exemplaren mit rein gelben Blütenköpfen auch mehrere Sorten mit einem mehr oder weniger hohen Braunanteil in den Blüten. Einige Sorten verzweigen und bilden mehrere Blütenköpfe aus, während andere komplett gefüllte Blüten aufweisen.

Bei einer gemeinsamen Kultivierung mit Dahlien sollte man beachten, dass Sonnenblumen einen sehr hohen Nährstoffbedarf haben, zu dessen Deckung sie dem Boden viele Mineralien entziehen. Um einen übermäßig starken Nährstoffentzug zu vermeiden, ist es deshalb ratsam, Dahlienbeete stets nur mit wenigen Sonnenblumen (maximal 1 Exemplar auf 4–5 m^2) zu bestücken. Je nach Aussaatzeitpunkt blüht die Sonnenblume zwischen Ende Juni und Anfang Oktober.

Hybridformen der **Goldenen Inkalilie**, Alstroemeria aurea, eignen sich ebenfalls gut als Partner für Dahlien. Ursprünglich war die Goldene Inkalilie nur in Chile beheimatet, aber inzwischen trifft man sie auch in Mittel- und Südamerika sowie in Australien und Neuseeland an.

Bei den Inkalilien-Hybriden handelt es sich um Langzeitblüher, die ihre doldenähnlichen, trichterförmigen Blüten von Juni bis Oktober schieben. Außer an vollsonnigen Standorten gedeiht diese 30–100 cm hoch werdende Pflanze auch sehr gut im Halbschatten. Sie bevorzugt ein lockeres, sich schnell erwärmendes, gut wasserdurchlässiges, jedoch

leicht feuchtes Bodensubstrat, das weder größere Mengen an Kalk noch an anderen Nährstoffen aufweist.
Außer der Sorte 'Orange King' sind Inkalilien in den gemäßigten Breiten nur bedingt winterhart. Deshalb ist es ratsam, die Rhizome im Herbst mit einer sehr dicken Schicht aus trockenem Falllaub abzudecken, über die man zusätzlich reichlich Nadelreisig legt. Wenn in Frühjahrsnächten Spätfröste auftreten, müssen die bereits ausgetriebenen Pflanzenteile ebenfalls abgedeckt werden.

Damit Dahlienbestände bis zum Aufbrechen ihrer Blüten farblich nicht weitgehend eintönig aussehen, kann man sie mit der bereits erwähnten **Gartenlupine**, *Lupinus polyphyllus*, kombinieren. Diese Pflanze wird auch als Lupinen- oder Wolfsbohne bezeichnet.
Ursprünglich war die Lupine nur in Nordamerika heimisch. Von dort wurde sie im Jahre 1826 nach Großbritannien importiert und in den Folgejahren begann man, ihre in Trauben zusammenstehenden Blüten auf unterschiedliche Farben zu züchten. Am wohlsten fühlt sich die bis 120 cm hoch werdende Gartenlupine, wenn sie frei stehend an einem vollsonnigen Standort platziert wird. Das Bodensubstrat sollte nicht zu nährstoffreich und vor allem nicht zu kalkhaltig sein, weil sonst die Blätter zum Vergilben neigen. Aus diesem Grund ist es empfehlenswert, Lupinenstandorte bei Kalkungen des Bodens auszusparen und auf diesen auch nur sehr mäßig organische Dünger auszubringen. Ihren Stickstoffbedarf „organisiert“ sich die Lupine, die zu den Schmetterlingsblütlern gehört, ohnehin selbstständig. Wie alle Schmetterlingsblütler lebt die Lupine in Symbiose (ein Zusammenleben von unterschiedlichen Arten, welches auf beiderseitigen Vorteil ausgerichtet ist) mit nützlichen Knöllchenbakterien. Diese besiedeln die Wurzeln der Lupine und sind in der Lage, große Mengen Luftstickstoff zu binden. Von dem gebundenen Stickstoff geben sie einen Großteil an die Lupine ab. Im Gegenzug erhalten die Bakterien, die kein Chlorophyll besitzen, einen Teil jener Kohlenhydrate, den die Lupine im Rahmen ihrer Fotosynthese produziert.

Gartenlupinen

Gartenlöwenmaul

Auch das als Großes Löwenmäulchen bezeichnete **Gartenlöwenmaul**, *Antirrhinum majus*, eignet sich als Nachbarpflanze für Dahlien. In Europa erfreut sich das Gartenlöwenmaul bereits seit dem 15. Jahrhundert großer Beliebtheit als Schnittblume.

Noch vor wenigen Jahren wurde es den Braunwurzgewächsen, Scrophulariaceae, zugeordnet, aber neuere Untersuchungen ergaben, dass das Gartenlöwenmaul zur Familie der Wegerichgewächse, Plantaginaceae, gehört. Bei der Wildform handelt es sich um eine Staude, deren natürliches Verbreitungsgebiet sich auf den Mittelmeerraum und Nordafrika erstreckt. Aufgrund der strengeren Winter in Mitteleuropa bleibt das Löwenmaul aber oft nur ein Jahr erhalten. Manchmal hat man aber Glück, dass im Herbst nicht aus den Beeten entfernte Exemplare den Winter unbeschadet überstehen und im folgenden Frühjahr erneut austreiben.

Obwohl das zwischen 20 und 80 cm Wuchshöhe erreichende Gartenlöwenmaul im Halbschatten noch zufriedenstellend gedeiht, bevorzugt es einen sonnigen Standort mit einem gut wasserdurchlässigen, nicht zu feuchten Bodensubstrat. Dieses sollte nährstoffreich sein, aber nicht übermäßig viel Kalk enthalten. Außerdem ist es wichtig, dass der Löwenmaulbestand weder zu dicht gedrängt steht, noch zu eng an anderen Pflanzen platziert wurde, damit seine Laubblätter nach Regenfällen rasch abtrocknen können.

Wenn ihm die Standortbedingungen zusagen, erweist sich das Gartenlöwenmaul als fleißiger Blüher, dessen Blühphase von Juni bis Oktober dauert.

Bei den auch als Rudbeckien bezeichneten Sonnenhüten handelt es sich um eine Gattung beliebter Gartenstauden aus der Familie der Korbblütler, zu denen auch der **Raue Sonnenhut**, *Rudbeckia hirta*, gehört.

Sein natürliches Verbreitungsgebiet konzentriert sich auf Nordamerika, wo diese bis 1 m hoch werdende Staude aufgrund ihrer Robustheit die unterschiedlichsten Biotope besiedelt. Gleichzeitig hat sie sich als Langzeitblüherin erwiesen, deren Blüten zwischen Mai und September erscheinen. Bei den Wildformen erstrahlen die Zungenblüten zumeist in satten Gelbtönen, während die Röhrenblüten eine dunkelbraune bis schwarze Färbung aufweisen. Inzwischen existieren von dieser Art auch zahlreiche Sorten, welche bräunlich-gelbe bis braun-orange Zungenblüten hervorbringen, wie das beispielsweise bei der 'Autumn colors' der Fall ist. Besonders gut gedeiht der Raue Sonnenhut an vollsonnigen Standorten mit nährstoffreichen Bodensubstraten, die immer ein wenig feucht gehalten werden.

Rauer Sonnenhut

Zu den Verwandten der Rudbeckien gehört der **Rote Sonnenhut**, *Echinacea purpurea*, der allerdings in einer anderen Pflanzengattung integriert ist.

Bei dieser in Nordamerika heimischen, auch als Roter Igelkopf bezeichneten Art handelt es sich ebenfalls um eine Staude, die sich zudem als „Insektenweide“ und vielseitig anwendbare Heilpflanze einer großen Wertschätzung erfreut. Die heilende Kraft des Roten Sonnenhutes war bereits den Prärieindianern bekannt, die ihn in vielfältiger Weise verwendeten.

Roter Sonnenhut kann eine Wuchshöhe von 80–130 cm erreichen und bildet, wenn ihm die Umweltbedingungen zusagen, zwischen Juni und September reichlich Blüten aus. Die wichtigsten Voraussetzungen hierfür sind ein vollsonniger bis stundenweise schattiger Standort mit einem gut wasserdurchlässigen, nährstoffreichen Bodensubstrat. Wenn im Herbst um die Pflanzen etwas Komposterde ausgebracht wird, ist eine zusätzliche Düngergabe im Folgejahr nicht erforderlich.

Roter Sonnenhut

Großblumige Kokardenblume

Die **Großblumige Kokardenblume**, *Gaillardia × grandiflora*, repräsentiert eine zu den Korbblütlern gehörende Langzeitblüherin.

Sie stellt eine Kreuzung aus der staudigen *Gaillardia grandiflora* und der einjährigen *Gaillardia pulchella* dar und kann bis vier Jahre alt werden.

Kokardenblumen erreichen eine Höhe von 70 cm, zeigen einen annähernd aufrechten Wuchs und bilden Horste. Sie benötigen einen vollsonnigen Standort mit einem lockeren, nährstoffreichen und gut wasserdurchlässigen Bodensubstrat. Auf schweren Ton- oder Lehmböden kümmern sie sehr schnell oder gehen sogar ein. Ihre herrlich anzuschauenden Blüten bringen Kokardenblumen zwischen Juni und Oktober hervor. Eine der wenigen, jedoch äußerst wichtigen Pflegemaßnahmen ist ein kräftiger Rückschnitt im Herbst, bei dem die Pflanzen 2–3 cm über dem Boden gestutzt werden. Dadurch schafft man die Voraussetzungen, dass die Kokardenblumen neue Triebe bilden. Außerdem hat es sich bewährt, den Standort mit einem Frostschutz aus etwas trockenem Falllaub und Nadelreisig zu versehen.

Gazanie

Gartengladiole

Die Heimatgebiete der zu den Korbblütlern gehörenden, einjährigen **Gazanien** sind das südliche und südwestliche Afrika.
Bei den Kultursorten handelt es sich vorwiegend um Hybriden, die zumeist aus Kreuzungen stammen, bei denen *Gazania rigens* und/ oder *Gazania krebsiana* als Stammformen Verwendung fanden. Diese Hybriden zeichnen sich vor allem durch große Blütenköpfe aus, die in Abhängigkeit von der jeweiligen Sorte sehr mannigfaltig gefärbt sein können.
Gazanien besitzen flache, in Bodennähe befindliche Blattrosetten und bilden mit ihren senkrechten Blütenstielen Horste. Häufig werden diese Pflanzen auch als Mittagsgold, Mittagsgoldblumen oder Sonnentaler bezeichnet, was daher rührt, dass sie ihre Blütenköpfe nur zur Mittagszeit öffnen. Eine komplette Öffnung findet allerdings nur statt, wenn die Sonne direkt auf die Blüten scheint. Um optimal zu gedeihen, benötigen Gazanien einen vollsonnigen, warmen Standort mit einem nährstoffreichen, wenig feuchten Bodensubstrat. Häufiges Gießen schadet dieser Pflanze mehr, als es nützt. Um die Blütenpracht zu fördern, sollte man den Gazanien in 14-tägigen Abständen etwas Flüssigdünger verabreichen. Außerdem fördert regelmäßiges Ausputzen der abgewelkten Blüten das Ausbilden neuer Knospen.

Zu einer attraktiven optischen Bereicherung eines Dahlienbestandes können auch **Gartengladiolen** *Gladiolus × hortulanus* mit ihren großen, trichterförmigen Blüten beitragen, welche in einem ährigen Blütenstand aufgereiht sind. Besonders gut kommen Gladiolen zur Geltung, wenn sie in Abständen von 50–80 cm zwischen die Dahlien „eingestreut“ werden.
In Abhängigkeit von den Witterungsverhältnissen und dem Standort treiben Gladiolen ihre Blüten zwischen Juni und September

aus. Sie möchten unbedingt in einem windgeschützten Bereich in der Vollsonne platziert werden. Ihr Bodensubstrat muss locker, nährstoffreich und gut wasserdurchlässig sein. Letzteres bedeutet jedoch nicht, dass Gladiolen dauerhaft trockenen Boden mögen. Im Gegenteil, wenn der Boden rund um die Gladiolen stärker austrocknet, ist ein Gießen anzuraten. Dieses wirkt sich förderlich auf die Entwicklung großer Blütenstände aus.

In vielen Gegenden Mitteleuropas bestehen für Gladiolenzwiebeln ungünstige Bedingungen, den Winter im Boden zu überstehen. Aus diesem Grund sollte man sie Ende Oktober/ Anfang November aus dem Boden nehmen und im April wieder einpflanzen.

Ähnlich wie Gladiolen kann man auch einige Exemplare des **Gartenrittersporns**, *Delphinium* × *elatum*-Hybriden, der auch als Hoher Rittersporn bezeichnet wird, in Abständen von 80–150 cm in ein Dahlienbeet „einstreuen".

Beim Gartenrittersporn handelt es sich um eine zur Familie der Hahnenfußgewächse, Ranunculaceae, gehörende, aufrecht stehende Staude, die bis 180 cm hoch wird. Auf Beeten, die immer ein wenig feucht sind, stark von der Sonne beschienen werden und über einen humosen Boden verfügen, haben sie sich als äußerst dankbare Pflanzen erwiesen, die außerdem kalktolerant sind. Beim Einpflanzen gilt es zu beachten, dass Rittersporne Flachwurzler sind, die nicht zu tief im Erdreich stehen wollen. Außerdem muss der Standort weitgehend windgeschützt sein. Ansonsten kann es passieren, dass die langen Stängel beim Auftreffen stärkerer Winde abbrechen.

Die Blütezeit des Gartenrittersporns erstreckt sich von Juni bis August/September. Seine dann erscheinenden Einzelblüten sind in rispenartigen Blütenständen vereint, die entweder weiß, violett oder unterschiedlich blau gefärbt sind. Vor allem letztere erfreuen sich bei vielen Dahlienfreunden eines großen Zuspruchs, weil die Farbe Blau in Dahlienblüten bekanntlich nicht vorkommt und deshalb zur zusätzlichen farblichen Bereicherung auf dem Beet beiträgt.

Gartenrittersporn

Bei den auch als Raketenblumen bezeichneten **Fackellilien**, *Kniphofia*-Hybriden, handelt es sich um eine Pflanzengattung aus der Familie der Affodillgewächse, Asphodelaceae. Die meisten Arten dieser Gattung sind im südlichen Afrika zu Hause. Je nach Sorten erreichen die aufrecht stehenden, horstbildenden Fackellilien Wuchshöhen von 60–150 cm. Ihre roten, gelben oder zweifarbigen Blütenstände erscheinen zwischen Juni und September.
Falls man kleinere Exemplare bevorzugt, bietet sich eine Kultivierung der Zwergfackellilie, *Kniphofia galpinii*, an, die nur eine Wuchshöhe von 60 bis 70 cm erreicht. Diese Art blüht von August bis Oktober.
Fackellilien sind Stauden, die einen vollsonnigen warmen Standort, mit nicht zu nährstoffreichem, gut wasserdurchlässigem Bodensubstrat benötigen, das vorzugsweise leicht feucht gehalten wird. Damit die Wurzeln im Winter keinen Schaden nehmen, schneidet man die oberirdischen Pflanzenteile im Herbst etwa 15 cm über dem Boden ab und deckt anschließend den Standort mit einer dicken Lage aus Falllaub und Nadelreisig ab.

Das natürliche Verbreitungsgebiet der auch als Garten-Yucca bezeichneten **Fädigen Palmlilie**, *Yucca filamantosa*, erstreckt sich vom südwestlichen Nordamerika bis nach Mexiko. Ungeachtet ihres Populärnamens gehört diese Staude weder zu den Liliengewächsen noch zu den Palmen, sondern zur Familie der Spargelgewächse, Asparagaceae.
Bei der Auswahl des Standortes ist darauf zu achten, dass dieser auch im Winter keinen größeren Wasseransammlungen ausgesetzt ist, denn darauf reagiert die Fädige Palmlilie äußerst empfindlich. Am wohlsten fühlt sich diese Pflanze an vollsonnigen, recht trocke-

Fackellilien

Palmlilie

nen Standorten, die über ein nährstoffreiches, leicht kalkhaltiges Bodensubstrat verfügen. Um den Nährstoffbedarf der Palmlilie zu befriedigen, hat es sich bewährt, im Frühjahr gut verrottete Komposterde um ihren „Fuß" auszubringen. Zwischen Juli und August blüht die Palmlilie.

Ihre glockenartigen Einzelblüten ordnen sich dicht gedrängt an einer langen Rispe an. Nach dem Abblühen sollten die Rispen herausgeschnitten werden.

Sowohl bei frisch gepflanzten Palmlilien als auch bei Exemplaren, deren Standorte sich in kälteren Gegenden befinden, ist es ratsam, im Spätherbst deren Horste mit Nadelreisig zu umgeben, das fachmännisch als Schattieren bezeichnet wird.

Bei den meisten der im Garten kultivierten **Taglilien**, *Hemerocallis*, handelt es sich um Hybridformen mit üppigen, teils mehrfarbigen Blüten, deren Ursprungsarten in Ostasien heimisch sind.

Taglilien sind horstbildend und können Wuchshöhen von 80 cm erreichen. Ihr Populärname nimmt darauf Bezug, dass die Einzelblüten bereits nach einem Tag in einem schnellen Tempo abzuwelken beginnen. Zwischen Juni und August (in selteneren Fällen auch bis September) erscheinen die Blüten an den Enden von langen, sich gabelartig verzweigenden Schäften.

Obwohl diese zur Ordnung der Spargelartigen, Asparagales, gehörenden Pflanzen eine Vorliebe für etwas feuchtere Standorte zeigen, haben sie sich als äußerst anpassungsfähig erwiesen. Aus diesem Grund kann man sie bedenkenlos mit Dahlien kombinieren. Am wohlsten fühlen sich Taglilien an vollsonnigen Standorten, die ein nährstoffreiches Bodensubstrat aufweisen. Zuweilen neigen Taglilien zu einem üppigen Wachstum. Um dieses zu begrenzen, sticht man am besten im Herbst Teile der Wurzeln ab.

Borretsch, *Borago officinalis*, der umgangssprachlich auch als „Gurkenkraut" bekannt ist, gehört zu den beliebtesten Gewürz- und Heilpflanzen. Vielleicht fragt sich jetzt mancher Dahlienfreund, ob wirklich derartige Pflanzen eine Bereicherung im Dahlienbeet

Taglilien

Borretsch

darstellen. Aber warum denn nicht? Der Rote Sonnenhut lässt sich ebenfalls als Heilpflanze verwenden und Pflanzenteile von Dahlien eignen sich in unterschiedlicher Weise zur Zubereitung von Speisen. Schön ist, was gefällt oder sich als zweckmäßig erweist! Man muss also nicht zwangsläufig an traditionellen Beetbestückungen festhalten, die in die klassische Blumen-, Kräuter- oder Gemüsebeete gegliedert sind.

Borretsch gehört zur Familie der Raublattgewächse, Boraginaceae, was man zweifelsfrei bemerkt, wenn man die Pflanze anfasst. Mit Ausnahme der Blüten sind alle anderen Teile mit feinen, sich rau bis fast stachelig anfühlenden Härchen überzogen.

Das ursprüngliche Verbreitungsgebiet des Borretschs war der Mittelmeerraum. Er ist einjährig und kann bis 1 m hoch werden. Ungeachtet dessen, dass er sich als sehr anspruchslose, robuste Pflanze erwiesen hat, zeigt er eine Vorliebe für sonnige Standorte und ein nährstoffreiches Bodensubstrat, das trocken bis schwach feucht ist. Zwischen Ende Mai und August schiebt der Borretsch seine kräftig blauen Blüten, die wie kleine Sterne aussehen und, weil sie essbar sind, sich hervorragend zum Garnieren von Speisen eignen. Gleichzeitig stellen diese Blüten eine ausgezeichnete Bienenweide dar.

Ein weiteres Kraut, das häufig in der Küche Verwendung findet, ist **Basilikum**, *Ocimum basilicum*. Es handelt sich um eine einjährige Pflanze, die gelegentlich auch als Königskraut bezeichnet wird und deren Blütenstände sich bei zahlreichen nektarsuchenden Bienen ebenfalls einer hohen Beliebtheit erfreuen.

Neben krautigem Basilikum mit grünem oder weinrot-violettem Laub existieren auch stärker verholzende Sorten. Letztere sind als Strauchbasilikum bekannt. Basilikum trägt aber nicht nur zur optischen Vielfalt des Beetes bei, sondern verhindert auch, dass die Dahlien von Mehltau befallen werden.

Entweder sät man dieses sehr frostempfindliche Kraut 4–5 Tage vor dem 15. Mai (Eisheilige) im Freiland aus oder setzt nach diesem Termin vorgezogene Jungpflanzen ins Beet. Basilikum gehört zu den sogenannten Lichtkeimern, weshalb man die Samen nur kräftig mit einer flachen Hand im Saatbett andrücken sollte. Um optimal zu gedeihen, benötigt Basilikum unbedingt einen vollsonnigen, windgeschützten Standort in humusreicher, gut wasserdurchlässiger Erde.

Strauchbasilikum

Wer nach einem passenden (heckenähnlichen) Hintergrund für ein Dahlienbeet sucht, kann dafür unter anderem **Strauchrosen**, Rosa-Hybriden, wählen.

Es gilt nur darauf zu achten, dass man die Dahlien nicht zu nah an den Wurzelstöcken der Rosen platziert, weil diese darauf oftmals empfindlich reagieren. Außerdem sollten die Rosen so angeordnet sein, dass sie keinen oder maximal 1–3 Stunden täglich Schatten auf die Dahlien werfen. Das lässt sich am besten realisieren, wenn das Dahlienbeet nach Süden ausgerichtet ist und die Rosen dahinter gruppiert werden, sodass sie am weitesten nördlich stehen.

Am wohlsten fühlen sich die auch als Buschrosen bezeichneten Strauchrosen an einem luftigen, vollsonnigen Standort mit nährstoffreichem, tiefgründigem Bodensubstrat, das jedoch nicht staunass sein darf. Luftig bedeutet jedoch nicht zugig, denn insbesondere gegen ständige Ostwinde sind die Strauchrosen etwas empfindlich. Um ein zu üppiges Wachstum in Grenzen zu halten, ist bei Strauchrosen oft ein jährlicher Gehölzschnitt ratsam.

Ein anderes „Hintergrund-Gehölz", das man bezüglich der Himmelsrichtung genau wie die Strauchrosen gruppieren sollte, ist die **Schneeballhortensie**, *Hydrangea arborescens*.

Bei der Pflege dieses aus Nordamerika stammenden Gehölzes gilt es zu beachten, dass es keinen basischen Boden mag. Stattdessen sollte der pH-Wert des Bodens im schwach sauren bis neutralen Bereich liegen. Außerdem muss dieser nährstoffreich und immer leicht feucht sein. Für eine Düngung verwendet man vorzugsweise gute Komposterde oder einen im Fachhandel erhältlichen Spezialdünger für Hortensien.

Es ist möglich, Schneeballhortensien in der Vollsonne, im Halbschatten oder im Vollschatten zu platzieren. Allerdings werden nur an vollsonnigen Standorten besonders prächtige Blüten ausgebildet. Zwischen der letzten Juni-Dekade und Ende August werden an den Enden der neuen Triebe die anfangs grünlich weißen, später rahmweißen Blütenstände geschoben, die eine kugelähnliche Gestalt haben und aus zahlreichen, kleinen, dicht gedrängten Einzelblüten bestehen.

Als sehr beliebte Pfleglinge haben sich **Kleine Studentenblumen**, *Tagetes patula nana*, erwiesen.

Das ursprüngliche Heimatgebiet dieser einjährigen, zu den Korbblütlern gehörenden Art ist Mittelamerika. Kleine Studentenblumen

Strauchrose der Sorte 'Cardinal de Richelieu'

Schneeballhortensie

Kleine Studentenblumen

Sorten mit farblich sehr ansprechenden Blüten. Sie zeigen kräftige gelbe, orange und/oder rötlich braune Farbtöne.

Diese hübschen Pflanzen eignen sich sehr gut als Einfassungen für Dahlienbeete – und das aus zweierlei Gründen. Zum einen wirkt eine geschlossene Rabatte aus Studentenblumen optisch sehr ansprechend und zum anderen stellen diese Pflanzen eine begehrte Nahrung für Nacktschnecken dar. Letztere befallen dann wesentlich seltener die Dahlien.

entwickeln eine buschige Wuchsform und werden bis 35 cm hoch. Als Standort bevorzugen sie sonnige bis halbschattige Bereiche mit gut wasserdurchlässigen, nährstoffreichen Böden.

Kleine Studentenblumen sind Langzeitblüherinnen, deren Blühphase sich von Mai bis Oktober erstreckt. Bei den im Fachhandel angebotenen Exemplaren handelt es sich um

Allerdings sollte den Studentenblumen primär nur eine Lockfunktion und nicht die einer Futterstation zukommen. Deshalb ist es auf jeden Fall empfehlenswert, den Studentenblumenbestand in den Abendstunden sowie bei feuchtem Wetter auf Nacktschnecken zu kontrollieren, um diese abzusammeln und zu vernichten.

Nicht nur im Garten

Kleinwüchsige und mittelgroße Dahliensorten lassen sich nicht nur auf Beeten, sondern auch in Balkonkästen und Kübeln kultivieren. Diese kann man beispielsweise auf Fensterbrettern und Terrassen sowie vor Hauseingängen aufstellen. Floristikfachgeschäfte bieten für derartige Zwecke oftmals Dahlien an, die bereits in Kübel gesetzt sind.

Die Ansprüche an Boden, Standort und Pflege sind mit denen jener Exemplare identisch, die man auf Beeten platziert hat.

Des Weiteren eignen sich kleiner bleibende Sorten, nicht zuletzt aufgrund ihrer Blühfreudigkeit, zur Grabbepflanzung. Je nach individuellen Vorlieben kann man diese Dahlien direkt auf dem Grab platzieren oder man setzt sie in Schalen, welche darauf arrangiert werden. Außerdem ist es möglich, Grabvasen mit frisch geschnittenen Dahlien zu bestücken.

Als Grabschmuck, mit dem sich die Dahlienbepflanzung komplettieren lässt, bieten sich beispielsweise Kleine Studentenblumen und die auch als Falsches Heidekraut bezeichnete Japanische Scheinmyrthe, *Cuphea hyssopifolia*, an.

Ein mit Einfachen Dahlien bepflanzter Kübel im Sortiment eines Floristikfachgeschäftes

Diese Kaktusdahlienblüte fungiert als Teil eines Blumenarrangements in einer Grabvase

Auf diesem Grab wurde eine kleinwüchsige Dahlie in der Ecke platziert. Als Nachbarpflanzen fungieren Studentenblumen und Japanische Scheinmyrthe

Vermehrung und Zucht

Die Begriffe „Zucht“ und „Vermehrung“ werden nicht nur häufig in der Umgangssprache, sondern mitunter auch in der Fachliteratur synonym verwendet. Möglicherweise ist die Ursache darin zu sehen, dass man dadurch den Begriff „Vermehrung“ etwas aufwerten will, denn sowohl die Pflanzen- als auch Tierzüchter genossen in allen historischen Epochen ein hohes gesellschaftliches Ansehen. Im Unterschied dazu wurde/wird der Begriff „Vermehrung“ gelegentlich etwas abfällig benutzt. Man denke in diesem Zusammenhang beispielsweise an den Ausspruch: „Die hecken wie die Karnickel (Kaninchen)“, der oft abwertend verwendet wird.

Es ist jedoch weder vom rein züchterischen noch vom biologischen Standpunkt korrekt, beide Begriffe synonym zu verwenden. Stattdessen ist die Vermehrung nur Bestandteil beziehungsweise Voraussetzung für die Zucht. Unter dieser (man kann auch von Züchtung sprechen) versteht man die planmäßige Verpaarung von Individuen, die auf ein bestimmtes, zuvor exakt definiertes Zuchtziel ausgerichtet ist. Anschließend wird eine strenge Selektion unter den Nachkommen durchgeführt. Im Unterschied zur Zucht erfolgt bei einer Vermehrung zumeist keine Selektion.

Die Vermehrung ist Bestandteil beziehungsweise Voraussetzung für die Zucht

Im Rahmen der Erhaltungszucht sollen die typischen Merkmale einer Sorte, wie etwa die rote Blütenfärbung und das dunkle Laub dieser 'Rocquencourt', nicht verändert werden

Das im Rahmen der Zucht festgelegte Zuchtziel kann recht unterschiedlich sein. Beispielsweise besteht es oftmals darin, Merkmale und Leistungen zu verbessern/zu verändern, wie etwa die durchschnittliche Blütengröße einer Dahlie, die Färbung der Laubblätter oder die allgemeine Widerstandsfähigkeit gegen Krankheiten.

Während bei Neuzüchtungen eine Verbesserung der Leistungen und/oder eine Veränderung körperlicher Eigenschaften als Ziel festgelegt wird, verhält es sich bei der sogenannten Erhaltungszucht anders.

Farbliche Abweichler können zur Zucht neuer Sorten dienen

Wie es bereits der Name verrät, ist die Erhaltungszucht darauf ausgerichtet, dass neben dem äußeren Erscheinungsbild auch die Leistungsmerkmale bestehen bleiben. Beispielsweise ist man bei der Erhaltungszucht nicht daran interessiert, dass sich in einer Dahliensorte X, für die eine rote Blütenfärbung typisch ist, Exemplare „breitmachen“, die an den Blütenblatträndern gelb gesäumte Spitzen aufweisen. Diese Exemplare werden bei der weiteren Erhaltungszucht der Sorte ausgeschlossen. Sie können allerdings als Stammmaterial für die Züchtung einer völlig neuen Sorte dienen, bei der als Zuchtziel (wie auf dem Foto oben zu sehen) Dahlien mit roten Blüten festgelegt wurden, welche gelb gesäumte Spitzen haben müssen.

Ausgereifte Dahliensamen. Zum Größenvergleich wurde ein 1-Cent-Stück daneben platziert

In den Folgejahren würden die Züchter unter deren Nachkommen eine strenge Selektion durchführen, indem sie nur diejenigen Exemplare zur Weiterzucht auswählen, die in ihren Merkmalen dem angestrebten Ziel am nächsten kommen. Nachdem das Zuchtziel erreicht ist, beginnt die Konsolidierung. In dieser Phase, die sich normalerweise über mehrere Generationen erstreckt, werden die Nachkommen dahingehend überprüft, ob sich bei ihnen das neue Merkmal erbfest etablieren konnte. Alle Abweichler, die keine oder nur eine geminderte Erbfestigkeit aufweisen, werden sofort aus dem Zuchtbestand entfernt.

Bei der Züchtung neuer Dahliensorten spielen Samen die entscheidende Rolle. Um diese zu gewinnen, ist es nur erforderlich, einige Blütenköpfe auswelken und trocknen zu lassen. Dadurch können sich Samen in den Blüten bis zu ihrer Reproduktionsreife entwickeln. In Abhängigkeit von der jeweiligen Sorte enthalten die einzelnen Blütenköpfe zumeist zwischen 50 und 100 Samen.

Das Gewinnen der Samen erfolgt dadurch, dass man diese aus den abgeschnittenen Blütenköpfen herausschüttelt.

Nachdem die Dahliensamen während des Winters kühl, dunkel und trocken gelagert worden sind, kann man sie im März in einer flachen, mit Aussaaterde gefüllten Schale verteilen. Anschließend überdeckt man die Samen nur mit einer sehr dünnen Erdschicht, die man vorsichtig mit der flachen Hand andrückt. In der Folgezeit ist es wichtig, dass man die Erde immer schwach feucht hält.

Die Aufzuchtschale wird in einem hellen Raum platziert, in dem Temperaturen von 18–22 °C vorherrschen.

10 Tage nach dem Auflaufen werden die Jungpflanzen pikiert. Dazu hebelt man die Jungpflanzen mithilfe eines kleinen Holzspatels vorsichtig aus dem Erdreich und achtet darauf, dass möglichst zahlreiche Wurzeln an den Jungpflanzen verbleiben. Weil die Wurzeln schnell austrocknen, sind die einzelnen Jungpflanzen nach dem Pikieren sofort in Blumentöpfe zu setzen, die feuchte Erde enthalten. Wurzeln, die sich direkt unter den Pflanzen befinden, sollte man erhalten, während längere „Bärte“ mit den Nägeln von Daumen und Zeigefinger um ein Drittel abgekniffen werden. Dieses Abkneifen wirkt sich stimulierend auf das weitere Wurzelwachstum aus.

Um die Jungpflanzen „abzuhärten“, sollte man sie ab Mitte April tagsüber ins Freiland stellen. Das Auspflanzen in den Garten darf allerdings erst nach den Eisheiligen erfolgen.

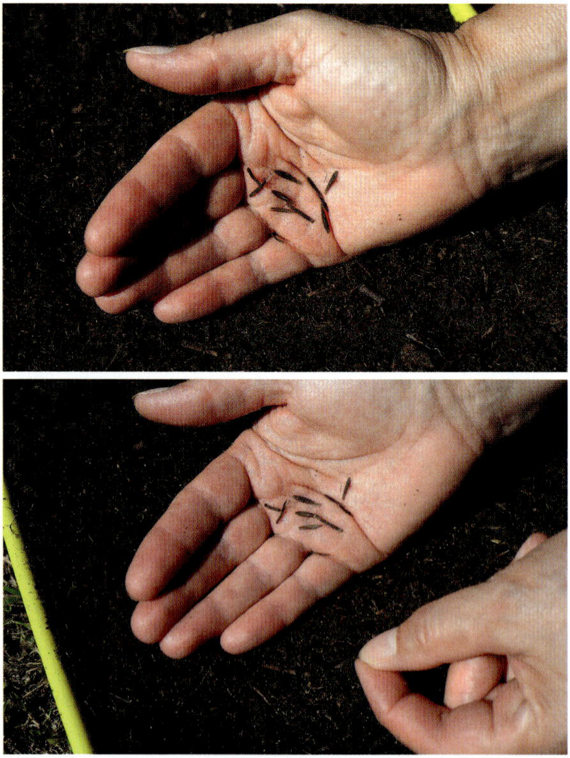

Aussäen von Dahliensamen

In der Vergangenheit wählten die meisten Züchter zwei Elternpflanzen aus und übertrugen deren reife (väterliche) Pollen auf die (mütterliche) Narbe. Anschließend wurden die Blüten, zum Beispiel durch Umbinden mit einem sauberen Tuch, vor weiteren (wilden) Befruchtungen geschützt. Ansonsten wäre es nicht mit hundertprozentiger Sicherheit möglich gewesen, exakt zu sagen, welche Dahliensorte als Vater fungierte.

Gegenwärtig führen viele Züchter bei einem Großteil ihrer Dahlien keine Bestäubung mehr per Hand durch, sondern überlassen diese Aufgabe Insekten, allen voran Bienen und Hummeln, welche die Pollen von Dahlie zu Dahlie transportieren. Im Folgejahr werden die aus den gewonnenen Samen heranwachsenden

Zahlreiche Dahlienzüchter überlassen die Bestäubung der Blüten den Bienen und Hummeln

Dahlien sehr kritisch begutachtet, um festzustellen, ob im Rahmen dieser „wilden" Zucht brauchbare Exemplare entstanden sind, die sich zu neuen Sorten weiterentwickeln lassen.

Manchmal entstehen auch völlig neue Dahlien durch Mutationen (darunter versteht man eine spontane Veränderung des genetischen Materials), ohne dass unmittelbar zuvor zwei Elternsorten gekreuzt wurden. Mit viel Glück äußern sich derartige Veränderungen als deutliche Abweichungen in den Blütenformen und/oder -färbungen, welche auch in den Generationen der Nachkommen dauerhaft erhalten bleiben. Fachleute bezeichnen derartige erbfeste Abweichungen bei den Dahlien als Sports.

Die folgende Tabelle enthält einige Beispiele für solche Sports.

Ausgangssorte	**daraus hervorgegangener Sport**
'Candy Cane'	'Be a Sport'
'Yellow Happiness'	'White Happiness'
'Vulkan'	'Biedermannsdorf'
'Victory Day'	'Gloria'
'Akita'	'Vancouver'

Bei der 'Vancouver' (oben) handelt es sich um einen Sport der 'Akita' (unten, AdobeStock/KristineRada)

Außerdem treten im Frühherbst gelegentlich sogenannte „Ausfaller" auf, bei denen ein mehr oder weniger großer Teil der Blüten degeneriert und/oder verblasst.

Ein weiteres Phänomen verkörpern die Sektorial-Schimären. Dabei handelt es sich um spezielle Blütenverfärbungen, die fast nur bei mehrfarbigen Sorten auftreten. Bei den Sektorial-Schimären weisen entweder nur bestimmte Bereiche oder die gesamte(n) Blüte(n) nur noch eine Farbe auf. Fachleute bezeichnen diese Veränderungen als „Spielen der Blüten".

Die einfachste Methode, um Dahlien zu vermehren, ist die Teilung der Knollen. Diese wurde bereits im Kapitel „Alles zu seiner Zeit" beschrieben.

Mit der Teilung der Knollen gewinnt man in aller Regel genügend Pflanzgut für den Eigenbedarf und kann manchmal sogar noch Freunde und Gartennachbarn damit versorgen.

Für eine Massenproduktion ist diese Methode allerdings kaum geeignet und aus diesem Grund praktizieren viele Gärtnereien eine Vermehrung durch Samen und/oder Stecklinge. Im Rahmen der Stecklingsvermehrung lassen sich von jeder Knolle 20–50 Jungpflanzen gewinnen.

Zu diesem Zweck werden Ende Januar/Anfang Februar die zur Vermehrung ausgewählten Dahlienknollen aus ihren „Winterquartieren" geholt.

Es erfolgt eine nochmalige visuelle Inspektion auf Fäulnisstellen. Außerdem werden die noch vorhandenen Stängelreste abgeschnitten. Danach legt man die Knollen in flache Schalen, welche Blumen- oder Gartenerde enthalten. Die Knollen werden dann etwa zur Hälfte mit Erde bedeckt, sodass die Wachstumsbereiche der künftigen Triebe noch aus dem Boden ragen. An den im Erdreich befindlichen Knollenbereichen entwickeln sich relativ rasch zarte Faserwurzeln, die die Wasser- und Nährstoffversorgung gewährleisten. In der Folgezeit müssen weitgehend konstante Temperaturen von 15–18 °C vorherrschen und die Erde muss immer schwach feucht, jedoch nie extrem nass (Fäulnisgefahr) sein.

Zumeist erscheinen die ersten Triebe nach 4–8 Wochen. Sobald sie eine Länge von 8–10 cm erreicht und zwei komplette Laubblätterpaare ausgebildet haben sowie ein drittes Paar in der Entwicklung ist, werden sie mit einem Skalpell oder einem sehr scharfen Messer direkt über der Knolle abgeschnitten.

Um ihnen das Bewurzeln zu erleichtern, erfolgt ein kurzes Eintauchen der Schnittstellen in Bewurzelungspuder, bei dem es sich um eine pulverige, wachstumshormonhaltige Substanz handelt. Außerdem hat es sich bewährt, die Blattspitzen zu kupieren (abzuschneiden). Diese Maßnahme wirkt sich ebenfalls stimulierend auf eine schnelle Bewurzelung aus, weil die Stecklinge dadurch geringere Wassermengen verdunsten und in der Phase der Wurzelbildung weniger zur Erschlaffung neigen.
Anschließend pflanzt man die Stecklinge in möglichst flache Gefäße, beispielsweise Pikierschalen, die mit Aussaat oder Anzuchterde gefüllt sind. Um ihnen eine optimale Entwicklung zu ermöglichen, darf die Erde niemals völlig austrocknen, sondern muss stets frisch (schwach feucht) sein. Zusätzlich sollten die Stecklinge bis zur vollständigen Wurzelausbildung von sehr hoher Luftfeuchtigkeit umgeben sein. Das lässt sich realisieren, indem eine durchsichtige, mit ein paar kleinen Löchern versehene Folie über die Schalen gelegt wird. Dadurch schafft man ein Mikroklima von gespannter Luft, unter dem sich die Stecklinge ausgesprochen wohl fühlen.

Durch die Löcher in der Folie wird gewährleistet, dass jederzeit ein kontinuierlicher Gasaustausch mit der Außenluft stattfinden kann, welcher verhindert, dass die Stecklinge unter Kohlendioxidmangel leiden müssen.

Wenn die Pflänzchen zu wachsen beginnen, ist das ein sicheres Indiz, dass die Bewurzelung stattgefunden hat.

Nach der Ausbildung des fünften Blattpaares sollte die Triebspitze mithilfe des Daumen- und Zeigefingernagels abgekniffen werden. Diese Maßnahme wirkt sich stimulierend auf die Bildung von Seitentrieben und somit auf eine kompakte (buschige) Wuchsform aus. 2–3 Tage später vereinzelt man die Jungdahlien, indem sie in Blumentöpfe gesetzt werden. In der Folgezeit erhalten sie in Intervallen von 7–10 Tagen mäßige Düngergaben, die vorzugsweise im Gießwasser aufgelöst werden.

Ab Mitte April erfolgt ein „Abhärten“ der Jungdahlien, indem man diese an sonnigen Tagen ins Freiland stellt und erst am Abend wieder in die Wohnung holt.

Eine Woche nach den Eisheiligen (15. Mai) kann man die Jungdahlien ins Freiland setzen. Zuvor ist es ratsam, die Wurzelballen gut zu durchfeuchten, indem man die Dahlien samt Blumentöpfen einige Minuten in ein Gefäß mit lauwarmem Wasser taucht.

Bei der Teilung von Knollen sowie dem Ziehen von Stecklingen handelt es sich um vegetative Vermehrungsmethoden. Im Unterschied dazu ist das Aussäen von Dahliensamen eine generative Vermehrungsmethode.

Fertigmachen zum „Winterschlaf“

Aufgrund ihrer fehlenden Frostresistenz können Dahlien in Mitteleuropa nicht ganzjährig im Garten verbleiben, sondern müssen Ende Oktober ausgegraben und in den „Winterschlaf“ geschickt werden. Dabei ist es wichtig, die Dahlien auf diese winterliche Ruhephase vorzubereiten, indem ab Mitte September verhaltener gegossen wird. Diese reduzierte Wasserzufuhr stimuliert die Dahlien, für das Überwintern so viel wie möglich an Reservestoffen in ihre Knollen einzulagern.

Ideal ist es, wenn vor dem Herausnehmen aus dem Beet wenigstens ein Mal ein leichter Nachtfrost herrschte und die oberirdischen Pflanzenteile dadurch so stark geschädigt wurden, dass sie anschließend schlaff herabhängen. Diese Teile schneidet man 10 cm über dem Boden ab und entsorgt sie im Komposter. Anschließend werden die Dahlienknollen aus dem Boden genommen.

Sollten aufgrund der Klimaerwärmung jedoch bis Ende Oktober keine Nachtfröste auftreten, schneidet man trotzdem die oberirdischen Pflanzenteile ab und nimmt die Knollen aus dem Erdreich.

Verständlicherweise hat es sich bewährt, wenn beim Ausgraben kein Regen fällt und das Erdreich weitgehend trocken ist.

Zum Ausgraben eignet sich eine Grabgabel, auch -forke genannt, wesentlich besser als ein Spaten und das aus zweierlei Gründen: Zum einen kann man beim Herausheben einen etwas größeren Abstand zu den Knollen halten, wodurch sich die Gefahr verringert, diese zu verletzen. Zum anderen schont die Grabgabel die im Boden lebenden und für die Humusbildung sehr wichtigen Regenwürmer, von denen beim Herausheben mit dem Spaten wesentlich mehr Exemplare zerstückelt würden.

Das Herausnehmen der Dahlien aus dem Boden erfolgt am besten mithilfe einer Grabgabel

Vor dem „Winterschlaf“ werden die Dahlien etikettiert

Des Weiteren ist es nicht ratsam, kleinere Erdreichreste, die nach dem Herausnehmen noch an den Knollen haften, zu entfernen. Diese Reste helfen, die Knollen während der winterlichen Ruhe vor zu starkem Austrocknen zu schützen. Auf keinen Fall sollte man die Knollen vor der Winterruhe waschen. Durch die dann an den Knollen haftende Feuchtigkeit würden Fäulniserreger angelockt.

Für alle, die verschiedene Dahliensorten kultiviert haben, ist es empfehlenswert, an Stängelresten kleine Papp- oder Plastiketiketten mit den jeweiligen Sortennamen anzubringen. Dadurch weiß man im kommenden Frühjahr genau, um welche Sorten es sich handelt, und kann diese an den vorgesehenen Stellen im Garten auspflanzen.

Anschließend legt man die Knollen noch etwa eine Woche in einen luftigen Raum, beispielsweise in einen Schuppen oder auch unter ein Vordach, damit sowohl ihre Oberflächen als auch die anhaftenden Reste des Erdreichs gut trocknen können. Während dieser Zeit dreht man die Knollen 2–3 Mal um 180°, wodurch alle Seiten weitgehend gleichmäßig abtrocknen können.

Der wichtigste Einflussfaktor für eine erfolgreiche Überwinterung der Dahlienknollen ist die Temperatur, die möglichst 2 bis maximal 7 °C betragen sollte. Allerdings weisen heute viele Keller und sonstige potenzielle Lagerräume eine um 3–5 °C höhere Durchschnittstemperatur auf. Unter derartigen Bedingungen hat es sich als äußerst ratsam erwiesen, die Knollen nicht „blank“ in Zeitungspapier, Hobel- oder Sägespänen zu lagern, sondern in Sand oder Torf einzuschlagen und diese Materialien von Zeit zu Zeit ein wenig mit einem Feinzerstäuber zu befeuchten.

Dahlienknollen sollten niemals in verschlossenen Plastiktüten, -dosen oder -kisten gelagert werden, weil sie dann aufgrund der fehlenden Luftzirkulation oft „ersticken“. Dagegen haben sich aus natürlichen Materialien geflochtene Körbe, Pappkartons und luftige Holzkisten (beispielsweise Obststiegen) als sehr gute Lagerbehälter erwiesen.

Zwei- bis dreimal pro Winter müssen die Dahlienknollen „geputzt“ werden. Zu diesem Zweck nimmt man sie vorsichtig aus dem Einlagerungsmaterial heraus und kontrolliert, ob

Visuelle Inspektion der Dahlien während des „Putzens“

sich Fäulnisstellen und/oder (ansteckende) Schimmelpilze entwickelt haben.
Sollte dies der Fall sein, werden die betroffenen Stellen großzügig herausgeschnitten und mit einem Fungizid (pilzhemmendes Mittel) behandelt. Auch das Einlagerungsmaterial sollte möglichst durch frisches ersetzt werden. Außerdem hat es sich bewährt, ausgeschnittene Knollen vor der erneuten Einlagerung einen Tag abtrocknen zu lassen.

Krankheiten vorbeugen

Trotz der Tatsache, dass es sich bei den Dahlien um relativ robuste Gartenpflanzen handelt, sind auch sie nicht vor Krankheiten und/oder Schädlingsbefall völlig gefeit. Aber es macht auch keinen Sinn, vor diesen Problemen die Augen zu verschließen und so zu tun, als gäbe es sie nicht. Stattdessen ist es zweckmäßiger, prophylaktische Vorkehrungen zu treffen, damit es möglichst gar nicht so weit kommt.

Falls trotz solcher Maßnahmen einmal Krankheiten auftreten oder sich Parasiten an den Dahlien zu schaffen machen, sollte man sofort Gegenmaßnahmen einleiten, um auftretende Schäden minimal zu halten. Dadurch fällt es den Dahlien zumeist leichter, derartige kritische Phasen relativ gut zu überstehen.

Obwohl Dahlien relativ robust sind, können auch sie von Krankheiten und Schädlingen befallen werden

Eine allgemeine prophylaktische Maßnahme besteht darin, den Garten so zu gestalten, dass er für Tierarten attraktiv wird, die Fraßschädlingen nachstellen. Beispielsweise fungieren größere Bäume sowie dicht stehende Büsche und Hecken als gute Nist- beziehungsweise Versteckmöglichkeiten für zahlreiche kleine Vogelarten, wie etwa Buchfinken, *Fringilla coelebs*.

Eine beachtliche Anzahl solcher Vögel, stellvertretend seien Meisen, Paridae, und Haussperlinge, *Passer domesticus*, genannt, haben sich als sehr eifrige Schädlingsbekämpfer erwiesen. Sowohl Meisen als auch Haussperlinge ernähren ihre Jungen während der ersten Lebenstage ausschließlich mit tierischem Futter, welches häufig große Mengen an Blattläusen enthält. Andere Arten, wie etwa der Buchfink, sind zwar weniger eifrige Blattlausjäger, aber die Nahrung für ihre Jungen setzt sich zumindest teilweise aus diesen Parasiten zusammen.

Zusätzlich besteht die Möglichkeit, Nistkästen anzubringen, welche Haussperlinge und Meisen gern als „Kinderstuben" annehmen. Ebenso trägt eine Tränke oft in erheblichem Maße dazu bei, zahlreiche Vogelarten und andere Nützlinge als Dauergäste in den Garten zu locken.

Haussperlinge, hier ein Männchen, ernähren ihre Jungen während der ersten Lebenstage fast ausschließlich mit Blattläusen

Buchfinkenmännchen

Sowohl aus Brennnesseln als auch aus Lavendel lassen sich Jauchen zur Bekämpfung von Blattläusen herstellen

Ein weiteres Problem, das durch Blattlausbefall verursacht werden kann, ist die Übertragung von gefährlichen Viruserkrankungen.

Zu den Blattlaus-Arten, die sich besonders häufig auf Dahlien ansiedeln, gehören sowohl die Grüne Pfirsichblattlaus, *Myzus persicae*, als auch die Schwarze Bohnenlaus, *Aphis fabae*.

Die Blattläuse schädigen die Dahlien nicht nur in der Weise, dass sie die grünen Pflanzenteile anstechen und Zellsaft entziehen, sondern sie scheiden außerdem eine süßlich-klebrige Substanz aus. Diese als Honigtau bezeichnete Substanz fungiert wiederum als idealer Nährboden für Rußtau, bei dem es sich um mikroskopisch kleine Pilze handelt, welche die Blattoberflächen schwärzen. Rußtau wirkt auf Betrachter nicht nur unästhetisch, sondern beeinträchtigt auch die Blattatmung.

Erschwerend kommt bei einem Befall der Dahlien durch Blattläuse mitunter hinzu, dass Ameisen diese Parasiten vor kleinen, potenziellen Fressfeinden, wie etwa Marienkäfern und den Larven von Florfliegen, schützen. Diesen Schutz führen die Ameisen allerdings nicht selbstlos durch, sondern sie erhalten dafür im Gegenzug den Honigtau von den Blattläusen.

Neben der Blattlausreduzierung durch Fressfeinde ist eine gleichzeitige biologische Prophylaxe/Bekämpfung oftmals sehr sinnvoll. Für diesen Zweck kann man beispielsweise eine Brennnessel- oder Lavendeljauche herstellen.

Mit dieser Flüssigkeit sollte man die Dahlien in den Abendstunden bereits beim ersten Erscheinen von Blattläusen in 3-tägigen Abständen abbrausen. Dazu verwendet man am besten eine Gießkanne mit aufgesetzter Tülle. Anschließend besprüht man die Dahlien noch mit einem Feinzerstäuber, um so möglichst alle Blatt- und Stängelbereiche mit der Flüssigkeit zu benetzen. Dabei ist darauf zu achten, dass die Lösung auch an die Unterseiten der Dahlienblätter gelangt.

8–9 l Brennnesseljauche lassen sich folgendermaßen herstellen: Ein bis zwei frische Brennnesseln (es ist darauf zu achten, dass sich noch keine Samen an diesen befinden) werden mit der Gartenschere grob zerkleinert und in einen großen Wassereimer gegeben. Nachdem der Eimer randvoll mit Wasser gefüllt worden ist, stellt man den darin befindlichen Ansatz für mindestens 5 Tage an einen sonnigen, warmen Platz. Während dieser Zeit entwickelt sich der Ansatz zu einer nicht son-

Eimer mit einem Brennnesseljauche-Ansatz

Um Blattläuse zu bekämpfen bzw. fernzuhalten, kann man Dahlien mit einem Feinzerstäuber einsprühen

derlich angenehm riechenden Jauche, aus der man vor dem Versprühen beziehungsweise Vergießen die teilverrotteten Brennnesselstücke entfernen muss.

Zu diesem Zweck wird über einen leeren Eimer ein Stück Sackleinen gespannt, welches als Filter fungiert. Anschließend lässt sich die aufgefangene Flüssigkeit sofort als Prophylaxe- bzw. Bekämpfungsmittel verwenden. Die auf dem Sackleinen zurückbleibenden Brennnesselrückstände kann man entweder als einen sich schnell weiter zersetzenden Biodünger rings um die Dahlien verteilen oder in den Komposter geben.

Für Lavendeljauche verwendet man statt der Brennnesseln frisch geschnittene Lavendelstängel.

Als ein sehr emsiger Blattlausbekämpfer hat sich der bis 1,5 cm große Gemeine Ohrwurm, *Forficula auricularia*, erwiesen, der im Volksmund häufig als Ohrenkneifer bezeichnet wird.

Ein erwachsener Ohrwurm ist in der Lage, täglich bis zu 120 Blattläuse zu vertilgen. Andererseits gehören Dahlien zu den wenigen pflanzlichen Komponenten, die bei diesem Insekt nahezu genauso hoch „im Kurs stehen" wie tierische Beute. Weil aber Gemeine Ohrwürmer so gut wie nie in Massen auftreten, halten sich die von ihnen verursachten Fraßschäden an den Dahlienblättern und -stängeln fast immer in Grenzen, weshalb keine besonderen Bekämpfungsmaßnahmen erforderlich sind. Sollte es allerdings doch einmal eine Ohrwurm-Invasion geben, kann man einige leere Blumentöpfe mit Stroh oder Holzwolle vollstopfen und diese – mit der Öffnung nach unten gerichtet – auf 50 cm lange Holzstäbe stecken. Die Ohrwürmer ziehen sich am Tag

Ohrwurm (AdobeStock/Brenda)

Als Verstecke mögen Ohrwürmer mit Stroh gefüllte Blumentöpfe, die glockenartig aufgehängt sind

gern in derartige Verstecke zurück, sodass man die Blumentöpfe dann nur einmal pro Tag entleeren und mit frischem Material bestücken muss.

Das alte Nistmaterial sollte nicht vernichtet, sondern beispielsweise in ein Park- oder Waldstück getragen werden, das sich in mindestens 200 m Entfernung vom Garten befindet. Aufgrund der Tatsache, dass Gemeine Ohrwürmer zwar funktionstüchtige Flügel

Nacktschnecken haben sich als enorm fraßintensive Schädlinge erwiesen

besitzen, davon aber so gut wie nie Gebrauch machen, braucht man eine Rückkehr der ausgesetzten Exemplare nicht zu befürchten.

Neben Blattläusen gehören Nacktschnecken zu jenen Fraßschädlingen, die Dahlienbestände des Öfteren heimsuchen.

Bereits ein erwachsenes, stark ausgehungertes Exemplar der Spanischen Wegschnecke, *Arion vulgaris*, ist in der Lage, eine junge Dahlienpflanze innerhalb einer Nacht bis nahezu zur Unkenntlichkeit abzufressen. In Mitteleuropa hat diese Schneckenart wegen ihres bitteren Geschmacks nur wenige natürliche Feinde. Igel und Kröten müssen schon sehr hungrig sein, bevor sie diese Schnecke fressen. Als gute Bekämpfer haben sich zwar die Indischen Laufenten, *Anas platyrhynchos* f. *domestica*, erwiesen, die sich allerdings für den Einsatz in Dahlienbeeten kaum eignen.

Eine weitere Bekämpferin ist die Weinbergschnecke, *Helix pomatica*, welche sich so gut wie nie an den Dahlien vergreift, jedoch die Gelege der Spanischen Wegschnecke vertilgt.

Als äußerst wirksamer Bekämpfer von Nacktschnecken hat sich *Phasmarhabditis hermaphrodita* erwiesen. Bei diesen winzigen Tieren handelt es sich um Fadenwürmer, Nematoda, die man samt Bodensubstrat im Fachhandel erwerben kann. Sobald einer dieser Fadenwürmer mit einer Nacktschnecke in Kontakt kommt, wandert er bis zu deren Mantelhöhle, um in sie einzudringen. Im Anschluss sondert er Bakterien ab, welche die Muskulatur und die inneren Organe der Schnecke binnen weniger Tage zersetzen. Dabei entsteht eine breiige Substanz, von der sich die Nematoden ernähren und gleichzeitig vermehren. Zumeist dauert dieser Prozess nur 7–10 Tage. Anschließend verlassen die Nematoden den Kadaver und halten nach einer neuen Wirtsschnecke „Ausschau". Beim Einsatz von *Phasmarhabditis hermaphrodita* braucht man keine Bedenken bezüglich der eigenen Gesundheit zu hegen, denn dieser Fadenwurm ist sowohl für Menschen als auch alle anderen Wirbeltiere völlig ungefährlich. Außerdem befällt er niemals Weinbergschnecken.

Zu den Schädlingen, die sich ebenfalls gern auf Dahlien ansiedeln, gehören auch zahlreiche Blattwanzenarten, Heteroptera. Dabei handelt es sich zumeist um 5–10 mm lange, gelblich grüne, gelbrote oder bräunliche Exemplare, die sich von Pflanzensaft ernähren. Die Schädigung geht in der Weise vonstatten, dass die Blattwanzen sowohl die Stängel und Blätter als auch Blütenköpfe anstechen. Dadurch entstehen punktförmige Einstichstellen, die sich relativ schnell gelblich oder bräunlich verfärben. Später treten an diesen Stellen oft Verkrüppelungen auf oder es sterben sogar ganze Pflanzenteile ab. Wenn ein Dahlienbestand bereits eine Vielzahl solcher Verkrüppelungen aufweist, ist in aller Regel schon ein sehr massiver Blattwanzenbefall vorhanden. Dann bringt es auch nichts mehr, die Wanzen per Hand abzulesen, zumal dabei viele dieser Insekten wegfliegen oder sich zu Boden fallen lassen, wo sie häufig übersehen werden. Stattdessen ist es dann ratsam, eine Bekämpfung mit einem wirksamen, naturverträglichen Insektizid durchzuführen, welches der Fachhandel bereithält.

Wühlmäuse, Arvicolinae, finden sich zwar nicht allzu oft in Dahlienbeeten ein, aber wenn sie da sind, ist das äußerst unangenehm. Diese bis zu 20 cm langen Nager verunstalten nicht nur die Gartenlandschaft, indem sie weitreichende unterirdische Gangsysteme anlegen und das dabei anfallende Erdreich zur Ablagerung an die Oberfläche transportieren, sondern sie fügen den Dahlienknollen oft erhebliche Fraßschäden zu. In den meisten Fällen können sich die Knollen danach nicht mehr regenerieren, sodass die betroffenen Pflanzen eingehen.

Als Bekämpfungsmethoden haben sich das Aufstellen von Fallen und das Platzieren von Schussapparaten im Gangsystem der Wühlmaus bewährt, welches an einer Stelle mithilfe eines Spatens geöffnet wird. Da man nicht erkennt, ob sich die Wühlmaus im rechten oder linken Bereich des geöffneten Ganges befindet, ist es günstig, beidseitig Schussapparate in die Gänge hineinzuschieben. Als Köder, den man hinter den Schussapparat legt, eignet sich ein Stück frisch angeschnittene Möhre hervorragend. Dem Möhrengeruch können Wühlmäuse fast nie widerstehen. Durch ihr Gangsystem laufen sie dem Möhrengeruch entgegen und berühren dabei ein Blättchen des Schussapparates, wodurch ein tödlicher Schuss ausgelöst wird.

Bevor man allerdings Fallen oder Schussapparate gegen Wühlmäuse einsetzt, sollte man sich unbedingt vergewissern, dass es sich tatsächlich um diese Nager handelt und nicht um einen Maulwurf, *Talpa europaea*. So sind die von Wühlmäusen herrührenden Erdhaufen

Blattwanze

Feldmaus, aus der Unterfamilie der Wühlmäuse (AdobeStock/slowmotiongli)

Schussapparate zur Wühlmausbekämpfung

nicht nur flacher, sondern auch oft mit Wurzelresten durchsetzt. Außerdem türmt der Maulwurf seine Hügel in relativ regelmäßigen Abständen auf. Eine recht sichere Methode zur Identifikation des Tieres besteht darin, mithilfe eines Spatens oder einer Schaufel einen Erdhaufen so abzutragen, dass die Öffnung zum Gangsystem sichtbar wird. Danach deckt man diese mit einem kleinen Holzbrett zu und wartet bis zu dessen Entfernen ein paar Stunden. Falls dann die Gangmündung mit lockerem Erdreich verstopft ist, handelt es sich tatsächlich um eine Wühlmaus, denn Maulwürfe schließen derartige Öffnungen nicht.

Ein Maulwurf stellt zwar das kleinere „Übel" dar, weil er die Dahlienknollen nicht frisst, aber trotzdem wird kaum jemand begeistert sein, wenn sich im Dahlienbeet die Maulwurfhügel auftürmen. Da es sich beim Maulwurf um eine geschützte Art handelt, ist eigentlich nur eine sanfte „Umsiedlung" möglich. Man muss dann geduldig warten, bis der Maulwurf einen neuen Erdhaufen an die Oberfläche schiebt. Dann wird mit einem tiefen schnellen Spatenstich das lockere Erdreich samt Maulwurf herausgehoben und der kleine Kerl vorsichtig in einen Eimer gesetzt. Dieser Eimer dient auch als Behälter, mit dem man den Maulwurf sofort zu einer anderen (nicht steinigen) Fläche, beispielsweise zu einer Waldwiese oder einer Streuobstwiese, transportiert und dort freilässt.

Dahlienkrankheiten werden fast immer durch mikroskopisch kleine Pilze, Bakterien oder Viren verursacht. Zur letztgenannten Gruppe gehören die Mosaikviren, von denen viele sehr wirtsunspezifisch sind. Deshalb können Dahlien nicht nur von Dahlien-, sondern beispielsweise auch von Gurken-, Tabak- und Tomatenmosaikviren befallen werden. Dadurch ist in zahlreichen Gärten ein größeres Reservoir an Pflanzen vorhanden, die als Überträger infrage kommen. Ein Mosaikvirenbefall äußert sich häufig in gekräuselten, fleckigen und/oder deformierten Blättern, stark verminderter Blühfreudigkeit, verkrüppelten Blüten und Wachstumsdepressionen. Aufgrund der dann sehr zahlreich ausgebildeten Seitentriebe wirken die befallenen Dahlien zumeist extrem buschig.
Die Übertragung der Viren erfolgt primär durch Blattwanzen und, wie schon erwähnt, durch Blattläuse. Eine völlige Heilung ist bei einem Mosaikvirenbefall bisher nicht möglich. Man kann die Krankheit lediglich eindämmen, indem infizierte Dahlien inklusive ihrer Knollen sofort aus den Beeten entfernt werden. Dadurch lässt sich in vielen Fällen verhindern, dass sich die noch gesunden Dahlien anstecken. In diesem Zusammenhang sei darauf verwiesen, dass keinesfalls eine Entsorgung der erkrankten Dahlien im Komposter erfolgen sollte. Denn während des Kompostierens geht die Infektionsfähigkeit der Viren nicht verloren, sodass diese spätestens beim Ausbringen der fertigen Komposterde ein neues Gefahrenpotenzial für Dahlien darstellen. Um

Maulwurf (AdobeStock/kubais)

Blattläuse können Viren übertragen (AdobeStock/Aleksandr Rybalko)

Neuinfektionen durch noch vorhandene Viren auszuschließen, ist es am sinnvollsten, befallene Dahlien komplett zu verbrennen.

Zu den häufigsten durch Bakterienbefall verursachten Erkrankungen gehört die Welkekrankheit. Sie wird durch Bakterien der Gattung *Erwinia* verursacht, welche vorzugsweise bei feuchtem Wetter über kleine Verletzungen in das Gewebe der Dahlien eindringen. Die Dahlien beginnen dann zu kümmern und sehen mit fortschreitender Zeit immer welker aus. Außerdem zeigen die Knollen braune, faulige Stellen, welche unangenehm riechen. Ähnlich wie beim Befall durch Viren ist es in derartigen Situationen ratsam, die infizierten Exemplare aus dem Beet zu entfernen und anschließend zu verbrennen. Als prophylaktische Maßnahme sollten die Dahlien bei sehr feuchter Witterung weder geschnitten noch ausgeputzt oder ausgebrochen werden.

Dahlien, die nicht zu dicht stehen, werden deutlich seltener von Mehltau befallen

Mitunter treten an den Wurzelhälsen und/oder an den Stängelbasen blumenkohlähnliche Geschwülste auf, die das Bakterium *Agrobacterium tumefaciens* verursacht. Auch bei dieser Erkrankung besteht keine Chance auf Heilung. Um eine weitere Ausbreitung zu verhindern, sollte man die betroffenen Dahlien mitsamt dem umgebenden Erdreich aus dem Boden nehmen.

Bei Dahlien, die eng gepflanzt und/oder zu intensiv mit Stickstoff gedüngt wurden, tritt vor allem in regenreichen, mit stärkeren Temperaturwechseln einhergehenden Sommern sogenannter Mehltau auf. Dabei handelt es sich um Pilzerkrankungen, die als weißlicher, mehlähnlicher Belag sowohl die Stängel als auch Laubblätter überziehen. Insofern Mehltau kurz vor den ersten Frösten auftritt, ist keine Bekämpfung mehr erforderlich, weil dieser Pilz niemals die Knollen befällt. Ansonsten sollte eine Behandlung der Dahlien mit einem handelsüblichen Fungizid (Präparat gegen Pilzbefall) erfolgen.

Die Blattfleckenkrankheit wird ebenfalls durch einen Pilz hervorgerufen, welcher die wissenschaftliche Bezeichnung *Entyloma dahliae* trägt. Auf den Blättern erscheinen zunächst gelbliche Flecke, die später eine braune Färbung annehmen. Häufig beginnen die befallenen Blätter zu vertrocknen, wobei sie von Löchern durchsetzt werden. Es ist dann ratsam, diese Blätter sofort abzuschneiden und die Dahlien (auch die gesunden Exemplare) mit einem Fungizid zu behandeln.

Wenn Dahlien plötzlich zu welken beginnen und anschließend absterben, sind sie zumeist von der Verticillium-Welke befallen. Der Verursacher dieser Krankheit ist ein im Erdreich lebender Pilz namens *Verticillium dahliae*.
Die Verticillium-Welke lässt sich anhand durchgeschnittener Stängel diagnostizieren, in denen die Leitbündel verstopft sind. Eine Rettung der grünen Vegetationsteile ist nicht möglich – wohl aber der Knollen. Von letzteren müssen vor der winterlichen Einlagerung sämtliche Blatt- und Stängelreste gründlich entfernt werden.

Zu den relativ seltenen Pilzerkrankungen gehört die Stängel- und Knollenfäule, deren Erreger *Sclerotinia sclerotiorum* ist. An den unteren Stängelbereichen der Dahlien erscheinen dann wässrige Flecke und die Pflanzen beginnen schnell zu welken. Falls auch die Knollen betroffen sind, weisen sie faulige Stellen auf. Die betroffenen Dahlien sind sofort aus dem Beet herauszunehmen. Falls die Knollen nicht zu stark betroffen sind, kann man versuchen, diese durch großzügiges Herausschneiden der Schadstellen noch zu retten. Allerdings sollten derartige Knollen während des Winters keinesfalls mit gesunden Exemplaren zusammen gelagert werden. Außerdem ist es ratsam, diese Knollen im Folgejahr nicht in der Nähe anderer Dahlien zu pflanzen und anhand der weiteren Entwicklung zu kontrollieren, ob durch das Ausschneiden ein dauerhafter Erfolg erzielt wurde.

Eine irrtümliche Annahme

Landläufig, aber zum Teil auch in der Literatur, wird des Öfteren behauptet, dass sich Dahlien nicht als Schnittblumen eignen. Doch dabei handelt es sich um einen Irrtum. Zugegeben, Dahlien sind beispielsweise im Vergleich mit Chrysanthemen oder Bartnelken die etwas sensibleren Schnittblumen. Aber wenn man ein paar Kleinigkeiten beachtet, erweisen sie sich als absolut vasentauglich. Das trifft in ganz besonderem Maß für Ball- und Pompondahlien zu.

Wichtig ist vor allem der Zeitpunkt des Abschneidens. Hierfür erweisen sich die frühen Morgenstunden als besonders vorteilhaft, weil sich die Dahlien in den kühlen Nachtstunden reichlich mit Wasser „vollgepumpt“ haben und im wahrsten Sinne des Wortes ihre Köpfe nicht hängen lassen. Für das Arrangement in der Vase wählt man bevorzugt Dahlien aus, deren Blüten nicht mehr vollkommen geschlossen, aber auch noch nicht komplett geöffnet sind.

Das Abschneiden der Dahlien erfolgt mit einem sehr scharfen Messer, um dadurch die Leitbündel in den Stängeln so wenig wie möglich zu quetschen oder in sonstiger Weise zu schädigen. An den Stängeln entfernt man die Laubblätter so weit, dass sich später keine im Wasser der Vase befinden, wo sie allmählich faulen würden. Anschließend sind die Dahlien sofort in der Vase zu platzieren. In der Folgezeit ersetzt man das Wasser in der Vase täglich durch frisches. Im Unterschied zu den meisten anderen Schnittblumen erhalten die Dahlien bei diesen Wechseln kein kaltes, sondern lauwarmes Wasser, dessen Temperatur 20–24 °C beträgt. Dabei hat es sich bewährt, die Stängel kurz mit lauwarmem Wasser abzuduschen, um dadurch die Anzahl der angesiedelten Fäulniserreger zu reduzieren. Des Weiteren ist es ratsam, die Stängelenden täglich um etwa 5 mm mit einem Messer zu kürzen, weil dadurch die eventuell verstopften Öffnungen der Leitbündel wieder frei werden.

Balldahlien eignen sich besonders gut für Arrangements in Vasen (unten AdobeStock/V. J. Matthew)

Mitunter wird als Geheimtipp empfohlen, etwas Rohrzucker oder eine kleine Kupfermünze in der Dahlienvase zu platzieren. Aber dieser Geheimtipp verlängert die Lebensdauer der Dahlien nicht. Während Kupfer weder schadet noch nützt, wirkt sich Zucker eher nachteilig aus, weil dadurch die Vermehrung unerwünschter Mikroorganismen forciert wird. Im Unterschied dazu verlängert im Handel erhältliches Frischhaltepulver, das ins Wasser gegeben wird, die Haltbarkeitsdauer der Dahlien oft um 2–3 Tage.

Während im Beet stehende Exemplare, wie bereits erwähnt, „Sonnenkinder“ sind, vertragen die Schnittblumen keine übermäßige Wärme mehr. Man sollte deshalb die Vase möglichst nicht auf eine sonnenüberflutete Fensterbank oder in einen besonders warmen Raum stellen.

Dahlien als Schnittblumen in der Vase

Zum Anfertigen von festlichen Tischdekorationen eignen sich sowohl Seerosen- als auch Balldahlien besonders gut. Zu diesem Zweck werden sie allein oder in Kombination mit anderen Blumen und Begleitgrün in floristischer Steckmasse arrangiert. Ebenso ist es möglich, die Blütenköpfe als Tischdekoration in einer formschönen, mit Wasser gefüllten Schale anzuordnen.

Einfach lecker

Darf es eine Blüte mehr sein?

Bereits seit Langem werden Blüten zum Zubereiten von Speisen und Getränken sowie zum Garnieren von Gerichten verwendet. Man denke in diesem Zusammenhang beispielsweise an Lindenblüten, die schon seit Jahrhunderten zur Herstellung von Aufgüssen Verwendung finden, welche umgangssprachlich als Lindenblütentee bezeichnet werden. Ebenso lassen sich die Blüten von Bärlauch und Holunder in vielfältiger Weise in der Küche verwenden. Das trifft auch auf Dahlienblüten zu.

Die abgezupften Blütenblätter können unter anderem zur Zubereitung von Salaten, Gelees und Likören genutzt werden. Darüber hinaus eignen sich auch die Knollen zum Verzehr, die man ähnlich wie Kartoffeln verwenden kann. Warum also nicht gelegentlich etwas ausgefallenere Speisen und Getränke aus Dahlien zubereiten? Insbesondere auf einer Party und/oder einem kleinen Festmahl innerhalb der Familie kann man mit derartigen wohlschmeckenden „exotischen Gerichten“ die Anwesenden überraschen.

Ähnlich wie bei Beerenfrüchten schmecken übrigens die Blütenblätter der einzelnen Dahliensorten nicht gleich. Stattdessen unterscheiden sie sich in ihren geschmacklichen Nuancen. Deshalb lohnt es sich, die Blüten verschiedener Sorten zu kosten, um so den/die eigenen Favoriten zu finden.

Dahlienblüten lassen sich in vielfältiger Weise in der Küche verwenden

Spezielle Rezepte

Dahlienliköre

Liköre gehören weltweit zu den beliebtesten alkoholhaltigen Getränken. Das Wort „Likör" hat seinen Ursprung in dem Lateinischen „liquor" und bedeutet „Flüssigkeit". Unter französischen Einflüssen entwickelte sich später daraus der Begriff „Likör". Diesen Begriff nutzt man noch heute als Sammelbezeichnung für aromatische alkoholische Getränke, deren Zuckergehalt mindestens 100 g/l beträgt.

Seit den frühen 60er-Jahren bis in die Gegenwart erfreuen sich likörähnliche Mixgetränke auf Feiern und Partys einer ständig wachsenden Beliebtheit. Die Spirituosenindustrie nahm diesen Trend zum Anlass, weitere Liköre zu kreieren. Dadurch etablierten sich die Liköre in Deutschland allmählich als Marktführer und drängten den Konsum des klassischen „harten Alkohols" wie Korn, Wodka und Weinbrand zurück.

Seit Jahren erfreut sich die Privatherstellung kleinerer Chargen von Likör eines großen Zuspruchs. Man denke in diesem Zusammenhang nur an die „Schwarze Johanna", jenen aus Schwarzen Johannisbeeren hergestellten Likör, den nicht nur zahlreiche Klein- und Hobbygärtner gern ansetzen.

Aber vielleicht inspirieren die folgenden Rezepte dazu, künftig auch einen Dahlienlikör herzustellen, ohne dabei auf das Ansetzen der lieb gewonnenen „Schwarze Johanna" zu verzichten.

Dahlien-Zitrus-Kirschwasser

Zutaten:

1 Handvoll ausgezupfter Dahlienblütenblätter, vorzugsweise von einer roten oder kräftig pinkfarbenen Sorte
0,7 l ca. 40%iges Kirschwasser
125 g Gelierzucker der Sorte 1:1
⅛ einer Zitronenschale, alternativ ½ Limettenschale
⅛ einer Orangenschale

Die Blütenblätter von den Blütenköpfen zupfen, waschen und danach mit Küchenpapier trocken tupfen. Anschließend die Blütenblätter und alle restlichen Zutaten in ein verschließbares Glas geben. Dieser Ansatz benötigt ca. 4 Wochen zum Reifen. Dazu platziert man ihn am besten in einen warmen Raum, beispielsweise auf dem Küchenschrank, und schüttelt ihn alle 2–3 Tage einmal kräftig, wodurch sich der Zucker besser/schneller löst.

Nach dieser Zeit gießt man den Ansatz durch ein sauberes Baumwoll- oder Leinentuch, um auf diese Weise die festen Bestandteile zu entfernen. Die anschließende Lagerung erfolgt bei Zimmertemperatur. Ein dann oft stattfindendes Nachdunkeln des Likörs ist weder unnormal, noch beeinträchtigt es die Qualität.

Dahlienlikör mit Zimt und Vanille

Zutaten:

1 Handvoll ausgezupfter, gewaschener und trocken getupfter Dahlienblütenblätter, vorzugsweise von einer gelben oder orangefarbenen Sorte
0,7 l ca. 38%iger Wodka, alternativ auch Doppelkorn
125 g Gelierzucker der Sorte 1:1
1 etwa 3 cm langes Stück einer Zimtstange
⅓ Vanillestange

Das Stück der Vanillestange mit einem sehr scharfen Messer längs aufschneiden. Anschließend teilt man es noch in 3–4 kleine Stücke. Dadurch wird in der Folgezeit das Aroma intensiver an die Flüssigkeit abgegeben. Die weitere Zubereitung gleicht der des Dahlien-Zitrus-Kirschwassers.

Dahlienlikör mit Brombeeren und Vanille

Zutaten:

1 Handvoll ausgezupfter, gewaschener und trocken getupfter Dahlienblütenblätter
0,7 l ca. 38%iger Wodka, alternativ auch Doppelkorn
125 g Gelierzucker der Sorte 1:1
150 g Brombeeren (es eignen sich sowohl wilde Brombeeren als auch Kultursorten)
⅓ Vanillestange

Die Vanillestange in gleicher Weise wie für den Dahlienlikör mit Zimt vorbereiten. Die weitere Zubereitungsweise gleicht der des Dahlien-Zitrus-Kirschwassers.

Dahliengelee und -konfitüre

Unter Gelees und Konfitüren versteht man süße Fruchtaufstriche, die besonders gern zum Frühstück gegessen werden. Für ihre Herstellung werden Früchte und manchmal auch Blüten verwendet. Während in Marmeladen alle Komponenten breiig zerkocht werden, sind in Konfitüren mehr oder weniger große Fruchtstücke enthalten. Im Unterschied sowohl zu Marmeladen als auch Konfitüren erfolgt die Zubereitung von Gelees nicht aus Früchten, sondern aus Frucht- und/ oder Blütensäften.

Noch eine allgemeine Empfehlung: Bekanntlich sind die Geschmäcker verschieden. Während der eine leicht breiige Konfitüre bevorzugt, favorisiert ein anderer nahezu schnittfeste. Die Konsistenz wird bei Marmeladen, Gelees und Konfitüren zu einem Großteil von dem im Gelierzucker vorhandenen Pektin sowie dem Säuregehalt der jeweiligen Früchte stark beeinflusst. Beispielsweise ist der Säuregehalt in der Apfelsorte 'Granny Smith' etwas höher als im 'Golden Delicious'. Das kann zur Folge haben, dass für den gewünschten Gelierungsgrad mal etwas mehr oder mal etwas weniger Gelierzucker erforderlich ist. Aus diesem Grund empfiehlt es sich, anfangs nur 80–90 % der in den Rezepten stehenden Gelierzuckermenge zum Ansatz zu geben. Die restlichen 10–20 % fügt man gegebenenfalls nach der Gelierprobe hinzu, wenn deren Ergebnis noch nicht zufriedenstellend war. Für die Gelierprobe wird etwa ein Viertel Teelöffel der gekochten Masse als dünner Film auf einer Untertasse ausgestrichen. Danach wartet man 30–60 Sekunden. Anschließend hält man die Untertasse senkrecht und prüft die Konsistenz. Ist man mit dieser nicht zufrieden, wird noch etwas Gelierzucker zu der Masse gegeben und das Ganz erneut aufgekocht.

Apfel-Dahlien-Konfitüre

Zutaten:

1 kg geschälte, vom Kernhaus befreite und in kleine Stücke geschnittene Äpfel, deren Geschmack vorzugsweise leicht säuerlich ist
1 Handvoll ausgezupfter, gewaschener und trocken getupfter Dahlienblütenblätter, die mit dem Wiegemesser zerkleinert wurden
400 g Gelierzucker 3:1

Zwei Drittel der Apfelstücke mit dem Passierstab zu einer breiigen Masse verrühren. Diese gibt man zusammen mit den anderen Zutaten (wobei die restlichen Apfelstücke nicht größer als ein halber Würfelzucker sein sollten) in einen Topf und bringt den Ansatz unter ständigem Rühren zum Kochen. Anschließend wird der Ansatz bei mittlerer Hitze 2 Minuten geköchelt. Es folgen die Gelierprobe und das Einfüllen der fertigen Konfitüre in Twist-Off-Gläser.

Dahlien-Apfel-Gelee

Zutaten:

500 ml möglichst frisch gepresster Apfelsaft
1 Handvoll ausgezupfter, gewaschener und trocken getupfter Dahlienblütenblätter, die mit dem Wiegemesser zerkleinert wurden
500 g Gelierzucker 3:1

Die Dahlienblütenblätter mit dem Apfelsaft in einen Topf geben und aufkochen. Anschließend den Gelierzucker hinzufügen. Diesen Ansatz unter ständigem Rühren bei mittlerer Hitze ca. 3 Minuten köcheln lassen. Gelierprobe durchführen und das fertige Gelee in Twist-Off-Gläser einfüllen.

Dahlienknollen als Sättigungsbeilage

In Abhängigkeit von der Sorte unterscheiden sich Dahlienknollen oft merklich in Konsistenz und Geschmack. Während manche Sorten recht holzig sind und sich deshalb kaum zum Verzehr eignen, ist das bei anderen nicht der Fall. Zum Verzehr eignen sich unter anderem mehrere Sorten sehr gut, die von Peter Haslhofer gezüchtet wurden, wie beispielsweise die 'HAPET Buga München', die 'HAPET Black Jack' und die 'HAPET Fantastic'.

Je nach Sorte ähnelt der Geschmack dem von Sellerie, Schwarzwurzel, Spargel, Kohlrabi, Erbsen oder Fenchel. Wenn man also einen Überschuss an Dahlienknollen besitzt, bietet es sich an, festzustellen, ob diese in der Küche verwertbar sind beziehungsweise zu welcher Geschmacksrichtung sie tendieren. Die Grundzubereitung ist sehr einfach, indem die Knollen genau wie Kartoffeln geschält und anschließend etwa eine Dreiviertelstunde in Salzwasser gekocht werden. Danach kann man sie entweder ohne weitere Veredlung als Beilage zu Fleisch, Fisch-, Eier- und Quarkgerichten verzehren oder man verarbeitet sie beispielsweise zu einer kartoffelbreiähnlichen Speise.

Tipp: Unter Lufteinfluss neigen die geschälten Dahlienknollen dazu, sich bräunlich zu verfärben. Um das weitgehend zu vermeiden, kann man sie bis zum Kochen in kaltes Wasser legen.

Dahlien-Röstis (für 3–4 Personen)

Zutaten:

1 kg geschälte Dahlien-knollen
1 mittelgroße Zwiebel
1 Esslöffel Zitronensaft
2 Eier
6–7 gestrichene Esslöffel Weizenmehl
Salz
Pfeffer
Olivenöl zum Braten

Die Knollen sowie die Zwiebel auf einer Küchenreibe fein raspeln, dann den Zitronensaft unterrühren. Diesen Teigansatz in ein sauberes Leinentuch füllen und das überschüssige Wasser auspressen. Anschließend in eine Schüssel geben, die restlichen Zutaten hinzufügen und mit Salz und Pfeffer abschmecken. Aus dem Teig handtellergroße, flache Scheiben formen und diese beidseitig in Olivenöl goldbraun braten.

Dahlien-Bällchen

Diese Bällchen kann man beispielsweise als nicht alltägliche Snacks auf einer Party anbieten.

Zutaten:

200 g Frischkäse
5 frische Blättchen Basilikum
die Blättchen von den 10 cm langen Enden zweier Estragon-Zweige
5–6 Stängel Schnittlauch
3 Stängel Petersilie
1 Handvoll ausgezupfter, gewaschener, trocken getupfter und anschließend nicht zu fein zerkleinerter Dahlienblütenblätter
abgeriebene Schale einer halben Zitrone

Salz
Pfeffer
10 entsteinte Oliven
1 gehäufter Esslöffel zerkleinerte Haselnusskerne
2 Teelöffel Agavensirup
1 Teelöffel Balsamicoessig

Die Kräuter waschen und mit dem Wiegemesser fein zerkleinern. Danach diese zusammen mit der abgeriebenen Zitronenschale in den Frischkäse geben und mithilfe einer Gabel gut durchkneten. Anschließend mit Salz und Pfeffer abschmecken.
Die zerkleinerten Haselnusskerne in die Oliven füllen. Letztere werden mit dem Kräuter-Frischkäse kugelartig ummantelt. Das erfolgt in der Weise, dass man etwas Kräuter-Frischkäse auf die Hand nimmt, eine Olive hineindrückt und anschließend ein Bällchen formt.

Die fertigen Bällchen wälzt man in den Dahlienblütenblättern und stellt sie danach in den Kühlschrank.

Agavensirup und Balsamicoessig vermischen. Diese Mischung wird unmittelbar vor dem Servieren über die Bällchen geträufelt.

Erfrischendes Dahlienwasser

Zutaten:

500 g geschälte Dahlienknollen
2 l Wasser
50 g weißer Rohrzucker (wer es süßer mag, kann auch mehr verwenden)
frisch gepresster Saft zweier Zitronen
1 Stängel frische Pfefferminze

Die Knollen ohne Salz etwa eine halbe Stunde im Wasser kochen. (Danach kann man die Knollen unter Zugabe von Salz beispielsweise zu einer kartoffelbreiähnlichen Masse verarbeiten.) Anschließend das Kochwasser durch ein sehr feines Sieb gießen, dabei die Flüssigkeit auffangen und abkühlen lassen. In einem Krug die Pfefferminze etwas mit dem Mörser zerstoßen, Zucker und Zitronensaft dazugeben. Danach so lange rühren, bis sich der Zucker komplett gelöst hat. Anschließend das abgekühlte Kochwasser dazugießen. Bis zum Servieren den Krug in den Kühlschrank stellen. Unmittelbar vor dem Servieren 10–15 Eiswürfel in den Krug geben.

Die freudige Qual der Wahl von A bis Z

Selbstverständlich können in diesem Buch nicht alle der über 30.000 Dahliensorten vorgestellt werden. Stattdessen erfolgt eine Auswahl von Sorten, welche unter anderem als Inspiration beim Erwerb neuer Dahlien fungieren kann. Dabei wurden Vertreter aus manchen Klassen, wie etwa den Dekorativen Dahlien, häufiger ausgewählt als beispielsweise Päoniendahlien-Sorten, von denen deutlich weniger existieren.

'Aitara Bronwyn'

Bronwyn ist ein relativ seltener weiblicher Vorname und stellt deshalb in gewisser Weise etwas Besonderes dar. Im übertragenen Sinne trifft das sicherlich auch beim Betrachten der 'Aitara Bronwyn' zu, denn bei dieser **Hirschgeweihdahlie** handelt es sich um eine besonders schöne Sorte. Sie besticht nicht nur durch ihre rot gefärbten Blütenköpfe mit gelbem Grund, sondern auch durch die sehr filigran ausgeformten „Geweihenden".

'Aitara Bronwyn' wurde 1997 von dem Australier William Tapley gezüchtet. Sie erreicht eine Wuchshöhe von 120 cm und ihre Blütenköpfe haben Durchmesser von 15–20 cm.

'Ambition'

Die 'Ambition' ist eine **Hirschgeweihdahlie**, deren „Geweihenden" sehr klein und zierlich sind. Sie wurde 1967 als Sorte anerkannt und in der niederländischen Gärtnerei von Jan Ballego und Söhnen gezüchtet. Diese Sorte bringt kräftig purpurfarbene Blütenköpfe hervor, die Durchmesser zwischen 10 und 15 cm erreichen. Ihre Wuchshöhe beträgt etwa 100 cm.

'Bishop of Llandaff'

Bei der 'Bishop of Llandaff' handelt es sich um eine **Päoniendahlie**. Der Name dieser Sorte nimmt Bezug auf die katholischen Bischöfe von Llandaff, die seit dem Jahre 522 die gleichnamige walisische Diözese verwalten und ihren Sitz in der Kathedrale von Llandaff haben.

Die kräftig roten Blütenblätter der 'Bishop of Llandaff' erinnern an die Färbung eines Bischofgewandes. Das Blütenzentrum ist weinrot und das geschlitzte Laub dunkel.

Die 'Bishop of Llandaff' wurde 1928 von Ian Treseder und Söhnen gezüchtet. Sie wird bis 100 cm hoch und ihre Blütenköpfe weisen einen Durchmesser von 5 bis 10 cm auf.

'Caroline'

Die 'Caroline' ist eine hübsche, rosa gefärbte **Balldahlie**, die sich als sehr blühfreudig erwiesen hat. Sie wurde im Jahre 1966 von dem Niederländer Cor Geerlings gezüchtet. Der Durchmesser ihrer Blütenköpfe variiert zwischen 6 und 10 cm. Mit einer Stängellänge von 100 cm gehört sie zu den etwas größeren Vertretern unter den Balldahlien.

'Checkers'

Die 'Checkers' ist eine Sorte, die der US-amerikanische Züchter Nick Gitts 2001 entwickelte. Diese Sorte gehört eigentlich zu den **Dekorativen Dahlien**, obwohl sie manchmal den Balldahlien zugeordnet wird. Ihre Blütenblätter sind dunkelrot und besitzen reinweiße Spitzen. Bei genauerem Betrachten kann man nachvollziehen, warum Gitts diesen Sortennamen vergab, welcher „Damenbrett" bedeutet. Mit ein wenig Fantasie erinnert die Farbverteilung in den Blüten tatsächlich an das Karomuster auf diesem Spielbrett.

Die 'Checkers' wird 90 cm hoch und der Durchmesser ihrer Blüten beträgt 10–15 cm.

'Cornel Brons'

Bei der 'Cornel Brons' handelt es sich um eine niederländische Sorte, die 2004 entstand und von Smits gezüchtet wurde. „Cornel" setzt sich aus den Vornamen Cor und Nel zusammen und „Brons" bedeutet Bronze. Die Kolorierung der Blütenköpfe ist kräftig orange bis fast bronzefarbig. Von vielen Fachleuten wird diese Sorte als eine der am besten ausgeformten **Balldahlien** angesehen. Deshalb wurde die 'Cornel Brons' sowohl von der US-amerikanischen als auch der kanadischen Dahliengesellschaft prämiert. Ihre Wuchshöhe beträgt etwa 90 cm und ihre Blütenköpfe weisen Durchmesser zwischen 6 und 10 cm auf.

'Crème de Cassis'

Die Sortenbezeichnung leitet sich von einem beliebten Johannisbeerlikör (französisch Cassis = Schwarze Johannisbeere) ab. Es handelt sich um eine **Seerosendahlie**, die 2012 von der niederländischen Gärtnerei RuRo-Plant gezüchtet wurde. Diese Sorte fasziniert mit einer beeindruckenden Draufsicht, denn ihre zart rosafarbenen Blütenblätter werden von einem sehr schmalen, kräftig violetten Saum umrandet. Sogar die Unterseiten der Blütenblätter können sich mit ihrer intensiven weinrotvioletten Färbung durchaus sehen lassen. Die 'Crème de Cassis' wird bis 80 cm hoch und ihre Blütenköpfe weisen Durchmesser von 10–15 cm auf.

'Cyriaksburg'

Bei der 'Cyriaksburg' handelt es sich um eine gelborangefarbige **Semikaktusdahlie**. Bei der Sortenbezeichnung stand die gleichnamige, in Erfurt befindliche Burg Pate. Diese wurde im Mittelalter zunächst als Benediktinerinnenkloster angelegt und im 17. Jahrhundert von den Preußen als Militäranlage ausgebaut. Seit 1961 fungiert sie als Gartenbaumuseum. Die 'Cyriaksburg' ist eine aus dem Jahre 2001 stammende Züchtung von Heinz Panzer. Sie wird bis 130 cm hoch und ihre Blütenköpfe weisen Durchmesser von 15 bis 20 cm auf.

'Dahlie La Vie'

Gezüchtet wurde die zu den **Semikaktusdahlien** gehörende 'Dahlie La Vie' (französisch la vie = das Leben) im Jahre 2003 von Heinz Panzer. Auch wenn die Rotfärbung der Spitzen sehr ausgeprägt ist, besitzt diese Sorte eine gelbe Grundfärbung. Sie wird bis 120 cm hoch und ihre großen Blütenköpfe erreichen Durchmesser von 15–20 cm.

'Dutch Carneval'

Es handelt sich um eine zu den **Dekorativen Dahlien** gehörende, niederländische Züchtung, die 2004 durch Cor Geerlings kreiert wurde. Die Sortenbezeichnung 'Dutch Carneval' ist Englisch und bedeutet „Niederländischer Karneval". In gewisser Weise erinnern die roten Blütenblätter, die von einem kräftig gelben Saum umgeben sind, tatsächlich ein wenig an farbenfrohe Faschingskostüme. Die Wuchshöhe der 'Dutch Carneval' beträgt 120 cm und ihre Blütenköpfe haben einen Durchmesser von 10–15 cm.

'Emory Paul'

Die 'Emory Paul' (englisch emory = Gedächtnis) gehört zu den **(Riesen-)Dekorativen Dahlien**. Ihre einfarbigen pinkvioletten Blütenköpfe, die über 30 cm Durchmesser erreichen können, gehören sowohl zu den größten in dieser Klasse als auch innerhalb der Gattung *Dahlia*. Im englischsprachigen Raum werden Sorten mit derartig großen Blütenköpfen auch als Dinnerplate-Dahlias (= Teller-Dahlien) bezeichnet. Die 'Emory Paul' wurde im Jahre 1962 durch den Australier Baynes gezüchtet und erreicht häufig eine Wuchshöhe von 135–140 cm.

'Eveline'

Bezüglich der 'Eveline' existieren unter den Dahlienzüchtern zwei Meinungen. Während sie von den einen als ballförmige **Dekorative Dahlie** angesehen wird, ordnen sie die anderen direkt bei den **Balldahlien** ein. Die Züchtung dieser Sorte erfolgte im Jahre 1982 durch den Niederländer Cor Geerlings.

Die 'Eveline' besitzt weiße Blütenblätter, die einen ganz zarten violetten Schimmer aufweisen, welcher sich zu den Spitzen hin intensiviert. Sie wird 120 cm hoch und die Durchmesser ihrer Blütenköpfe variieren zwischen 8 und 15 cm. Unter den Dahlien gehört sie zu jenen Sorten, die sich besonders gut als Schnittblumen eignen.

'Frau Gertraud Aepfler'

Die 'Frau Gertraud Aepfler' gehört zu den **Dekorativen Dahlien**. Ihre Blütenköpfe weisen eine zart lachsrote Färbung mit einer gelben Mitte auf. Es handelt sich bei dieser Sorte um eine Züchtung von Heinz Panzer, der diese Dahlie 2003 „aus der Taufe“ hob. Die 'Frau Gertraud Aepfler' wird bis 120 cm hoch und bringt Blütenköpfe hervor, deren Durchmesser 10–15 cm beträgt.

'Gatsby'

Die 'Gatsby' ist eine **Kaktusdahlie**. Für die Sortenbezeichnung diente der Roman „Der große Gatsby“ des US-amerikanischen Schriftstellers *Francis Scott Fitzgerald*. Gezüchtet wurde die 'Gatsby' im Jahre 2001 von dem Franzosen Ernest Turc. Auf ihren orangefarbigen Blütenköpfen sind feine rote Sprenkel und Streifen vorhanden, wodurch diese Sorte sehr elegant wirkt. Die 'Gatsby' erreicht eine Höhe von 140 cm und ihre Blütenköpfe haben Durchmesser von 20–25 cm.

'Fascination'

Nomen est omen – denn beim Anblick dieser herrlichen Sorte sind nicht nur zahlreiche Dahlienliebhaber fasziniert. Die 'Fascination' gehört zu den **Päoniendahlien** und begeistert neben attraktiven, rosavioletten Blütenköpfen, die Durchmesser zwischen 10 und 15 cm erreichen, mit sehr dunklem Laub. Sie wurde im Jahre 1964 von dem Briten Elsdon gezüchtet und ihre Wuchshöhe beträgt 80–90 cm. Im Jahre 1990 erhielt sie den Publikumspreis „Dahlien-Königin-Mainau“.

'Freya's Paso Doble'

Bei 'Freya's Paso Doble' handelt es sich um eine seit 1993 existierende, zweifarbige (weißer Außenkranz, zitronengelbe Mitte) **Anemonendahlie**, die von dem Briten Derek Hewlett gezüchtet wurde. Diese Sorte erreicht eine Wuchshöhe von 140 cm und ihre Blüten weisen Durchmesser zwischen 5 und 12 cm auf.

Fälschlicherweise wird 'Freya's Paso Doble' des Öfteren als 'Lambada' bezeichnet. Die echte 'Lambada' gehört zwar auch zu den Anemonendahlien, hat aber einen pinkvioletten Außenkranz und eine gelbe Mitte.

Wenn man beabsichtigt, 'Freya's Paso Doble' zu erwerben, sollte man unbedingt den kompletten Sortennamen nennen. Ansonsten kann es passieren, dass man eine andere Sorte erhält, denn es gibt sowohl eine 'Freya' (Dekorative Dahlie mit einfarbigen, zitronengelben Blütenköpfen) als auch eine 'Paso Doble' (Dekorative Dahlie mit gelb-roten Blütenköpfen).

'Goldener Vulkan'

Die Sortenanerkennung dieser ***Semikaktusdahlie*** erfolgte im Jahre 1993. Die 20–25 cm Durchmesser erreichenden Blütenköpfe zeigen eine goldgelbe Farbe und aufgrund ihrer Üppigkeit drängt sich mit ein wenig Fantasie tatsächlich der Vergleich mit einem Vulkan auf, der soeben Feuer speit oder aus dem die Lava austritt.

Die 'Goldener Vulkan' erreicht eine Wuchshöhe von 140 cm und wurde von dem Österreicher Dr. Gerhard Wirth gezüchtet. Aufgrund des Gewichts der Blütenköpfe sollte diese Sorte unbedingt einen Stützstab erhalten.

'HAPET Austria Lace'

Diese 2014 als Sorte ausgewiesene **Hirschgeweihdahlie** kann eine Wuchshöhe von 120 cm und einen Blütenkopfdurchmesser von 15–20 cm erreichen. Dieser zeigt bei der 'HAPET Austria Lace' eine kirschrote Grundfärbung und weiße „Geweihspitzen“, die verhältnismäßig grob ausgebildet sind. Dadurch wird jedoch keinesfalls die äußerst attraktive Gesamterscheinung der Blütenköpfe geschmälert.

„Austria Lace“ bedeutet übersetzt „Österreich-Spitze“, wobei Spitze im Sinne eines feinen textilen Materials gemeint ist. Das in den Sortennamen integrierte HAPET ist das Kürzel für **HA**slhofer **PET**er, einen österreichischen Gärtner und Dahlienzüchter.

'HAPET Elite'

Eine weitere Kreation des äußerst aktiven und erfolgreichen Dahlienzüchters Peter Haslhofer ist die 'HAPET Elite', bei der es sich um eine **Seerosendahlie** handelt, die seit 2008 das Sortiment der Dahlien bereichert. Das Wort Elite ist lateinischen Ursprungs und bedeutet so viel wie „auslesen“ oder „erlesen“. Als Betrachter kann man sicherlich die Namensgebung nachvollziehen, wenn man die herrlichen violettrosafarbenen Blütenköpfe mit gelbem Grund sieht. Die Wuchshöhe dieser Sorte beträgt 100 cm und ihre Blütenköpfe erreichen Durchmesser zwischen 10 und 15 cm.

'HAPET Fantastic'

Auch die 'HAPET Fantastic' ist eine Kreation des Österreichers Peter Haslhofer. Diese **Semikaktusdahlie** wurde im Jahre 2005 als Sorte anerkannt. Ihre Wuchshöhe beträgt etwa 140 cm. Die 20–25 cm großen Blütenköpfe haben eine gelbe Grundfärbung, die im ersten Drittel der Blütenblätter in ein Rosa übergeht, welches sich bis zu den Spitzen fortsetzt.

'Isadora'

Die zu den **Dekorativen Dahlien** gehörende 'Isadora' ist eine Züchtung des Belgiers Willy Gryson, die im Jahre 2002 ihren Sortenstatus erhielt. Der weibliche Vorname Isadora stellt eine Abwandlung von dem griechischen Isidoras dar und setzt sich aus Isis, der altägyptischen Mondgöttin, und „doron“ (= „Geschenk“) zusammen. Somit bedeutet die Übersetzung so viel wie „Geschenk der Isis“ oder „Geschenk des Mondes“.

Die 'Isadora' wird bis 120 cm hoch und ihre Blütenköpfe zeigen eine leuchtend gelbe Grundfärbung und knallig rote Spitzen. Sie erreichen einen Durchmesser von 12–20 cm und erinnern in ihrer Gesamterscheinung fast schon an Blütenstände von Semikaktusdahlien.

2012 erhielt diese Sorte den Publikumspreis „Dahlien-Königin-Bad Köstritz“.

'Jax'

Die 'Jax' ist eine **Hirschgeweihdahlie** aus den USA, die von Kim Connell gezüchtet wurde und im Jahre 2005 Sortenstatus erhielt. Sie wird bis 120 cm hoch und ihre einfarbig weinroten Blütenköpfe erreichen Durchmesser zwischen 20 und 25 cm.

'Jowey Mirella'

Die 'Jowey Mirella' gehört zu den **Balldahlien**. Ihre 6 bis 10 cm großen, kräftig dunkelroten Blütenköpfe stellen einen sehr schönen Kontrast zu den mittelgrünen Stängeln und den geschlitzten Laubblättern dar. Diese Sorte erreicht eine Wuchshöhe von 110 cm und wurde 2008 von dem Belgier Jozef Weyts gezüchtet. Wie unschwer zu erkennen ist, hat dieser Züchter die Anfangsbuchstaben seines Vor- (Jo) und Familiennamens (Wey) in den Sortennamen integriert.

'Köstritzer Jubiläum'

Die 'Köstritzer Jubiläum' wurde 2014 als Sorte anerkannt. Es handelt sich dabei um eine **Seerosendahlie**, die von Heinz Panzer gezüchtet wurde. Panzer gehört zu dem in Bad Köstritz ansässigen, gleichnamigen Familienunternehmen, das bereits seit 1872 existiert. Die 'Köstritzer Jubiläum' kann bis 140 cm hoch werden und ihre Blütenköpfe haben einen Durchmesser von 10–15 cm.

'L' Arlequin'

Übersetzt bedeutet das französische „L' Arlequin" „der Harlekin", dessen charakteristische Kleidung zumeist aus einem Kostüm besteht, in dem die Farben Rot, Gelb und Blau dominieren. Ähnlich verhält es sich mit der 'L' Arlequin', einer **Dekorativen Dahlie**, deren 14–20 cm Durchmesser erreichende Blüten rote Sprenkel auf gelbem Untergrund zeigen. Die 'L' Arlequin' existiert seit 1951 und wurde von dem Franzosen George Truffaut gezüchtet. Sowohl in den Jahren 2000 als auch 2003 erhielt diese Sorte den Publikumspreis „Dahlien-Königin-Bad Köstritz".

'Mandarin'

Die 'Mandarin' tauchte erstmalig im Jahre 2007 auf der Sortenliste auf. Es handelt sich bei ihr um eine **Einfache Dahlie**, die von Professor Michael Otto gezüchtet wurde. Neben der 'Mandarin' hat Otto zahlreiche weitere Einfache-Dahlien-Sorten kreiert, zu denen unter anderem die 'Blickfang' und die 'Saitenspiel' gehören.

Mit ihren gelben Blütenblättern und der bronzefarbenen Scheibe strahlt die 'Mandarin' eine schlichte Eleganz aus. Sie bildet eine buschige, bis 90 cm Höhe erreichende Wuchsform aus und der Durchmesser der meisten Blütenköpfe beträgt 12 cm, wobei sich die Variationsbreite von 10–15 cm erstreckt. Eine besondere Erwähnung verdienen das dunkle Laub und die ebenso gefärbten Stängel.

'Marble Ball'

Wenn man die 'Marble Ball' zum ersten Mal sieht, kann man schnell ins Schwärmen geraten. Deshalb verwundert es nicht, dass zahlreiche Dahlienliebhaber diese Sorte als die schönste **Balldahlie** ansehen. Die 'Marble Ball' besitzt 6–10 cm große, zartrosa Blütenblätter, die kräftig purpurfarbig gesprenkelt sind. Sie erreicht eine Wuchshöhe von 80 cm und wurde im Jahre 1974 von dem US-Amerikaner John Stowell gezüchtet.

'Monet Glory'

Die Seerosenbilder des französischen Malers Claude Monet gehören zu den berühmtesten Meisterwerken des Impressionismus. Diesem Künstler wurde ein „botanisches Denkmal“ gesetzt, indem der britische Züchter Stock im Jahre 2006 eine **Seerosendahlie** nach ihm benannte. Etwas frei übersetzt, bedeutet der Sortenname „Monets Herrlichkeit“. Die 'Monet Glory' wird bis 120 cm hoch und bringt orangegelbe Blütenköpfe hervor, deren Durchmesser 10–15 cm beträgt.

'My Love'

Die 'My Love', zu Deutsch „Meine Liebe“, ist eine **Semikaktusdahlie**, die eine Wuchshöhe von 100 cm erreicht. Ihre Blütenköpfe bestechen durch ein elegantes Weiß und weisen Durchmesser von 10–15 cm auf. Die 'My Love' entstand im Jahre 1969 und ist eine Züchtung des Niederländers H. L. van Veelen.

'Night Butterfly'

Die deutsche Übersetzung des englischen „Night Butterfly" bedeutet „Nachtschmetterling". Ob der Name dieser formschönen und zugleich farblich sehr beeindruckenden **Halskrausendahlie** damit gerecht wird, sei dahingestellt, denn bei den meisten Nachtschmetterlingen dominieren graue und braune Farbtöne. Sehr wahrscheinlich gab aber die Blütenblattfärbung, die ein wenig an die Nacht erinnert, den Ausschlag bei der Findung der Sortenbezeichnung. Die sattgelben Röhrenblüten stellen einen herrlichen Kontrast zu der weißen „Halskrause" und den tiefdunkelroten Blütenblättern dar.

Die 'Night Butterfly' ist eine Kreation des Niederländers Cor Geerlings, der diese Sorte 2006 züchtete. Sie wird 90 cm hoch und ihre Blütenköpfe erreichen Durchmesser von 5–10 cm. Im Jahre 2012 erhielt sie den Hamburger Dahlienpreis.

'Pinelands Princess'

Übersetzt lautet der Sortenname dieser **Hirschgeweihdahlie** „Pinienland Prinzessin". Die Blütenköpfe sind weiß mit einem hohen Anteil Violett, welches bis zu den Spitzen der Blütenblätter zieht, die sehr kleine zarte „Geweihgabelungen" zeigen. Bei der 'Pinelands Princess' handelt es sich um eine Züchtung des Südafrikaners Cyril Higgo, der diese Dahlie 1995 kreierte. Sie wird bis 120 cm hoch und ihre Blütenköpfe erreichen einen Durchmesser von 15–20 cm.

'Polka'

Bei der Namensfindung für diese **Anemonendahlie** stand die Polka, jener beschwingte Rundtanz aus Böhmen, Pate. Sicherlich ein sehr treffender Sortenname, denn wenn man die Blütenköpfe anschaut, erinnern diese stark an Kreise. Die farbliche Aufteilung der Blütenköpfe erweist sich als etwas ganz Besonderes. Ihre in der Mitte befindlichen Röhrenblüten werden von rosafarbenen Zungenblüten umrandet, die weiß auslaufen. Die 'Polka' wird bis 110 cm hoch und ihre Blütenköpfe erreichen Durchmesser zwischen 10 und 15 cm. Leider sind weder der Züchter noch das Jahr der Sortenentstehung bekannt. Fest steht nur, dass es sich um eine niederländische Züchtung handelt.

'Pooh'

Die 'Pooh' ist eine sehr farbenprächtige **Halskrausendahlie**, die gelb-rote Blütenblätter sowie eine gelbe Halskrause hervorbringt. Die Sorte wird bis 120 cm hoch und ihre Blütenköpfe haben Durchmesser zwischen 5 und 10 cm. Die 'Pooh', welche im Jahre 1998 entstand, ist eine Züchtung der US-amerikanischen Gärtnerei Swan Island Dahlias. Sie wurde 2002 mit dem Preis der Dahlien-Königin-Mainau und 2007 mit dem Preis der Dahlien-Königin-Hamburg ausgezeichnet.

'Raisa'

Tomatenrote Blütenblätter mit cremegelben Spitzen, eine zartgelbe, mit kräftigem Rot durchsetzte Halskrause und sattgelbe Röhrenblüten – so präsentieren sich die Blütenköpfe der 'Raisa'. Diese **Halskrausendahlie** wurde 1987 von den niederländischen Gebrüdern Verwer gezüchtet. Sie erreicht eine Wuchshöhe von 110 cm und ihre Blüten haben Durchmesser zwischen 5 und 10 cm.

'Robin Hood'

Für diese **Balldahlie**, die im Jahre 1987 den Sortenstatus erhielt, stand der englische Volksheld Robin Hood Pate, über den zahlreiche Filme, Balladen und Romane existieren. Humorvollerweise war der Züchter dieser Sorte Gordon Littlejohn. Bekanntlich fungierte ein Little John als einer der engsten Gefährten von Robin Hood, sodass es naheliegend war, der Sorte den Namen dieses Volkshelden zu geben. Die 'Robin Hood' wird 120 cm hoch und ihre lachsfarbenen Blüten erreichen Durchmesser zwischen 6 und 10 cm.

'Siedlerfreude'

Die 'Siedlerfreude' ist eine **Semikaktusdahlie**, die einen Sport der 'Siedlerstolz' darstellt. Sie erhielt 1977 den Sortenstatus und wurde von Siegfried Engelhardt gezüchtet. Ihre 10–15 cm Durchmesser erreichenden Blütenköpfe sind kräftig weinrot gefärbt und haben leuchtend weiße Spitzen. Die 'Siedlerfreude' wird etwa 70 cm hoch.

'Sorbet'

Unter einem Sorbet versteht man ein eiskaltes Getränk oder ein appetitliches, halbgefrorenes Dessert aus Fruchtsaft, Fruchtanteilen und Zucker. Im übertragenen Sinne erweist sich die Optik dieser **Semikaktusdahlie** wirklich als ein kleines Festmenü. Es handelt sich um eine Sorte mit 15 bis 20 cm großen Blütenköpfen, die eine weiße Grundfärbung und purpurfarbene Spitzen haben. Diese bis 130 cm hoch werdende Dahlie wurde im Jahr 2000 von dem Niederländer Cor Geerlings gezüchtet.

'Sternschnuppe'

Die 'Sternschnuppe' gehört zu den **Semikaktusdahlien**. Wenn man ihre 14–16 cm Durchmesser erreichenden Blütenköpfe betrachtet, könnte man fast meinen, dass es sich um eine Maxiausführung der Sorte 'Freya's Paso Doble' handelt, bei der die Farben vertauscht wurden. So besitzt diese äußerst imposante 'Sternschnuppe' eine weiße Mitte, welche fast so wirkt, als sei sie auf den gelben Außenkranz aufgesetzt.

Diese Sorte, die Heinz Panzer im Jahre 2010 züchtete, wird etwa 100 cm hoch. 2019 wurde sie auf der Ega Erfurt zur „Schönsten Dahlie" gewählt.

'Sterntaler'

Es handelt sich um eine **Einfache Dahlie**, deren Blütenkopfform stark an die Scharlach-Dahlie, *Dahlia coccinea*, erinnert. Die Blütenblätter sind orange gefärbt und die Röhrenblüten tendieren ins Bräunliche. Gezüchtet wurde diese Sorte von Professor Michael Otto im Jahre 2003. Die 'Sterntaler' gehört zu jenen Sorten, die dunkles Laub ausbilden. Ihre Wuchshöhe beträgt etwa 70 cm und ihre Blütenköpfe haben Durchmesser von 5–10 cm.

'Sweetheart'

Die 'Sweetheart', ist eine **Einfache Dahlie**, die 1995 von dem Briten Derek Hewlett gezüchtet wurde. Übersetzt bedeutet die Sortenbezeichnung so viel wie geliebter Schatz oder Liebste. Die Blütenblätter sind weiß mit violett-rosafarbenen Spitzen. Die Blütenscheibe erstrahlt in kräftigem Gelb. Mit einer Wuchshöhe von nur 30–40 cm gehört die 'Sweetheart' zu den kleineren Sorten. Der Durchmesser der Blütenköpfe beträgt 5–10 cm.

'Tosia'

Tosia steht für einen weiblichen Vornamen, der seinen Ursprung in Osteuropa hat. Bei der 'Tosia' handelt es sich um eine **Kaktusdahlie**, von der weder Informationen zum Züchter noch zum Zuchtjahr vorliegen. Das tut der Sache aber keinen Abbruch, denn es handelt sich um eine farblich äußerst ansprechende und zugleich sehr formschöne Sorte. Sie bringt kräftig rosaviolett gefärbte Blütenköpfe hervor, die Durchmesser von 15–20 cm aufweisen. Die Wuchshöhe der 'Tosia' beträgt 110 cm.

'Tsuki Yori No Shisha'

Tsuki Yori No Shisha ist Japanisch und bedeutet etwas frei übersetzt „Im Gedenken an die Toten/Vorfahren". Der Sortenname wurde sicherlich aufgrund der weißen Blüten gewählt, weil diese Farbe in Japan sowohl die Männlichkeit als auch den Tod symbolisiert. Bei der 'Tsuki Yori No Shisha' handelt es sich um eine **Hirschgeweihdahlie** mit intensiv ausgeprägten „Geweihenden", deren Blütenköpfe 15–20 cm groß sind. Diese bis 100 cm hoch werdende Sorte wurde 1953 von dem Japaner Kumagai gezüchtet.

'Universität Wien'

Bei der 'Universität Wien' handelt es sich um eine **Dekorative Dahlie**, deren Zucht durch den Österreicher Dr. Gerhard Wirth erfolgte. Wirth gab dieser Sorte ihren Namen anlässlich des 650-jährigen Jubiläums der Universität Wien, welches 2015 begangen wurde. Die 'Universität Wien' besitzt tief dunkelrosafarbige Blütenköpfe, deren Durchmesser 15–20 cm beträgt. Sie kann eine Höhe bis 120 cm erreichen.

'Verrone's DF'

Die 'Verrone's DF' ist eine aus den USA stammende Züchtung, die 2010 von Verrone kreiert wurde. Sie gehört zu den **Dekorativen Dahlien** und erreicht eine Wuchshöhe von 100 cm. Ihre Blütenkopfdurchmesser variieren von 10–15 cm. Die Blüten zeigen eine zartrosa Färbung, wobei die zentral befindlichen Blütenblätter oft noch eine Nuance heller sind.

'Verrone's Obsidian'

Beim Obsidian handelt es sich um ein schwarzes vulkanisches Gesteinsglas, das entsteht, wenn Lava schnell abkühlt. Beim Anblick dieser sehr dunkelroten, optisch aber schon fast schwarz anmutenden **Sterndahlie** kann man gut verstehen, warum in ihren Namen die Bezeichnung dieses dunklen Gesteins integriert wurde. Ihre Blütenköpfe gehören zu den dunkelsten, die die Dahlienwelt gegenwärtig zu bieten hat.

Von Verrone in den USA gezüchtet, erhielt die 'Verrone's Obsidian' im Jahre 2007 den Sortenstatus. Sie erreicht eine Höhe von 130 cm und ihre Blüten haben Durchmesser zwischen 5 und 10 cm.

'Weston Spanish Dancer'

Die 'Weston Spanish Dancer' ist eine **Kaktusdahlie**, deren sattgelbe Blütenköpfe mit den kräftig roten, lang auslaufenden Spitzen die Farben der spanischen Nationalflagge aufweisen. Diese Blütenköpfe erreichen Durchmesser zwischen 15 und 20 cm und die Wuchshöhe dieser Sorte beträgt etwa 100 cm. Gezüchtet wurde die 'Weston Spanish Dancer' von dem Briten Tom McLelland im Jahre 2000.

'Wigo Super'

Die 'Wigo Super' ist eine niederländische Sorte, die 1997 von Wim te Winkel gezüchtet wurde. Im Hamburger Raum wird diese Dahlie unter der Bezeichnung 'Hermann Rieger' geführt.

Es handelt sich um eine **Dekorative Dahlie**, deren Blütenköpfe einfarbig orange sind und ein wenig an Balldahlien erinnern. Sie weisen Durchmesser von 10–15 cm auf und die Wuchshöhe dieser Dahlie beträgt 120 cm.

'Wilfried Bergerhoff'

Bei der 'Wilfried Bergerhoff' handelt es sich um eine **Balldahlie**. Diese Sorte wurde im Jahre 2009 von Heinz Panzer „aus der Taufe gehoben". In Erinnerung an den 2009 verstorbenen Dahlienzüchter und Vizepräsident der Deutschen Dahlien-Fuchsien-Gladiolen-Gesellschaft e.V., Wilfried Bergerhoff, erhielt sie dessen Namen.

Die 'Wilfried Bergerhoff' erreicht eine Wuchshöhe von 100 cm und ihre weinroten Blütenköpfe haben einen Durchmesser von 6–10 cm.

'Zippity Do Da'

„Zippity Do Da" ist ein Lied aus dem 1946 gedrehten Disney-Film „Onkel Remus' Wunderland". Bei der 'Zippity Do Da' handelt es sich um eine **Pompondahlie**, die eine Wuchshöhe von 100 cm erreichen kann. Ihre maximal 5 cm großen Blüten zeigen eine violette Färbung mit weißem Rand, welcher allerdings bei manchen Exemplaren nur äußerst schwach ausgeprägt ist. Gezüchtet wurde die 'Zippity Do Da' im Jahre 2005 von dem US-Amerikaner Nick Gitts.

'Zorro'

Zorro, eine amerikanische Romanfigur, hilft als gefeierter, Robin Hood ähnlicher Volksheld den Armen. Ursprünglich stammt dieses Wort aus dem Spanischen und bedeutet Fuchs, der sich bekanntlich durch seine Cleverness auszeichnet. Ein weiteres charakteristisches Merkmal des Fuchses ist sein roter Pelz – und dunkelrot ist auch die Färbung der Blütenköpfe dieser **(Riesen-)Dekorativen Dahlie**. Sie wurde 1987 von Madlyn Geisert in den USA gezüchtet und erreicht eine Höhe von 120 cm. Die Blütenköpfe weisen Durchmesser zwischen 25 und mehr als 30 cm auf.

Jahreskalender zur Dahlienpflege im Schnellüberblick

November–März

- Die Dahlienknollen lagern jetzt in einem frostfreien Raum, in dem sie bis Ende April/Anfang Mai verbleiben.
- In 7–10-wöchigen Abständen erfolgt eine Kontrolle, ob sich an einzelnen Knollen Fäulnisstellen gebildet beziehungsweise Schimmelpilze darauf angesiedelt haben. Sollte dies der Fall sein, werden diese Bereiche sofort großflächig aus den Knollen herausgeschnitten.
- Überlegung, wo die Dahlien im kommenden Frühling platziert werden sollen. Hierzu kann man einen kleinen Bepflanzungsplan zeichnen.
- Gegebenenfalls Ergänzen von Utensilien, wie etwa Stützstäben und Bastfäden.
- Überlegungen, ob/welche Sorten neu angeschafft werden sollen. Hierzu informiert man sich am besten im Internet, in welchen Gärtnereien die gesuchten Knollen beziehungsweise Samen erhältlich sind.

April–Mai

- Umgraben und glatt harken der Beete, Ausheben der Pflanzlöcher.
- Anfang Mai die Knollen aus dem Winterquartier nehmen und noch einmal gründlich auf eventuelle Fäulnisstellen und Schimmelpilze inspizieren. Teilen der Knollen.
- Knollen vor dem Auspflanzen wässern, Stützhilfen an den Pflanzlöchern verteilen und die Knollen in die Erde bringen. Als Startdünger empfiehlt sich eine Gabe Hornspäne oder man verteilt nach dem Einpflanzen Komposterde um die Dahlien.
- In der Folgezeit die Dahlien regelmäßig hacken und die Beete vom Unkraut befreien. Außerdem prophylaktische Maßnahmen zur Schädlingsbekämpfung/-reduzierung durchführen. Falls erforderlich, werden in der Folgezeit Behandlungen bei auftretenden Krankheiten durchgeführt.

Juni–Oktober

- Im Juni/Juli den Dahlien eine mäßige Zweitdüngung verabreichen.
- Ausbrechen überzähliger Knospen.
- Entfernen verwelkter Blütenköpfe.
- In Abhängigkeit von der Witterung gießen. Ab Mitte September nur noch verhalten gießen, um die Knollen so auf den „Winterschlaf" vorzubereiten.

Ende Oktober (in sehr milden Jahren auch erst Anfang November)

- Dahlien aus dem Beet nehmen. Reste oberirdischer Pflanzenteile abschneiden.
- An den Knollen mit Bindfaden kleine Etiketten anbringen, auf denen die Sortennamen stehen.
- Dahlienknollen in den Winterlagerraum bringen und einschlagen. Falls das Einschlagen in Sand oder Torf erfolgt, diese Materialien in der Folgezeit gelegentlich mit einem Feinzerstäuber anfeuchten.

Üppige Pracht für Gärten und Parks

Es gibt wohl kaum robustere, anpassungsfähigere und in Wuchsform, Farbe, Blüte und Frucht vielfältigere Bäume als Wild- und Zierapfelbäume. Die Blüten strahlen weiß, rosa, rot oder violett und auch die Früchte im Herbst sind sehr auffallend gefärbt. Andreas Bärtels - einer der namhaftesten Dendrologen Deutschlands - stellt in diesem Buch zahlreiche Wild- und Zierapfelarten, Hybriden und Sorten vor. Er beschreibt in Europa heimische Wildäpfel und außereuropäische Wildapfelarten sowie Zierapfelsorten. Jedes Porträt informiert über Habitus, Zweige, Blätter, Blüten und Früchte. Brillante Bilder und handkolorierte Zeichnungen von Äpfeln aus dem „Archiv Fischer" machen das Buch zu einem ästhetischen Blickfang. Ausgezeichnet mit dem 1. Platz beim „Deutschen Gartenbuchpreis 2021" von Schloß Dennenlohe in der Kategorie „Bestes Gartenportrait".

Andreas Bärtels

Wild- und Zieräpfel

Üppige Pracht für Gärten und Parks

528 S., 592 farb. Abb., 4 Tab.,
2 Karten, geb., 16,5 x 24 cm

ISBN 978-3-494-01830-0
Best.-Nr.: 494-01830

€ 14,95

Preisstand 2024 – Änderungen vorbehalten

Gärtnern im Einklang mit der Natur

Für einen blühenden Garten und eine reiche Ernte ist nicht nur das „Wie", sondern auch das „Wann", also der richtige Zeitpunkt der Pflanz- und Pflegemaßnahmen, entscheidend. Dieser kann je nach Region, Höhenlage und Witterung unterschiedlich sein. Rein kalendarische Jahreszeiten können daher keine verlässliche Planungsgrundlage sein. Der erfahrene Garten-Praktiker Stephan Waska zeigt in diesem Praxisbuch, wie sich jeder Gartenbesitzer ganz einfach an den Zeichen der Natur orientieren kann. So stehen unter anderem die Apfelblüte, der Birkenknospenaustrieb, die Weinlese oder die Fruchtreife verschiedener Obstsorten für eindeutige Entwicklungsstadien, die das gärtnerische Jahr in zehn phänologische Jahreszeiten einteilen. Jede dieser Jahreszeiten wird in einem eigenen Kapitel, unterteilt in die Bereiche Zier-, Obst- und Gemüsegarten, ausführlich vorgestellt. Der ultimative Gartenratgeber für optimales Timing und uneingeschränkten Blüh- und Ernteerfolg!

Stephan Waska

Erfolgreich Gärtnern im Rhythmus der Natur

Ein verlässlicher Praxisbegleiter durch das phänologische Gartenjahr

184 S., 234 farb. Abb., 35 farb. Zeichnungen, geb., 16,5 x 24 cm

ISBN 978-3-494-01740-2
Best.-Nr.: 494-01740

€ 19,95